改訂版 なぜ、理科を教えるのか

新学習指導要領対応

理科教育がわかる教科書

教育の泉 16

角屋重樹 著

まえがき

『なぜ、理科を教えるのか―理科教育がわかる教科書―』を出版してもう5年を経ました。その間、平成26年11月に、文部科学大臣から新しい時代にふさわしい学習指導要領等のあり方について中央教育審議会に諮問されました。そして、中央教育審議会は、平成28年12月21日に「幼稚園、小学校、中学校、高等学校及び特別支援学校の学習指導要領等の改善及び必要な方策等について（答申）」、いわゆる、「中央教育審議会答申」を示しました。

また、平成29年３月31日に学校教育法施行規則が改正され、幼稚園教育要領、小学校学習指導要領及び中学校学習指導要領が公示されました。小学校学習指導要領は、平成30年４月１日から第３学年及び第４学年において外国語活動を実施する等の円滑に移行するための措置（移行措置）を実施することとし、2020年４月１日から全面実施することになります。

今回の改訂は、知・徳・体にわたる「生きる力」を子どもたちに育むために、①「何のために学ぶのか」という各教科等を学ぶ意義を共有すること、②全ての教科等の目標及び内容を「知識及び技能」、「思考力、判断力、表現力等」、「学びに向かう力、人間性等」の三つの柱で再整理したこと、そして③「主体的・対話的で深い学び」の実現に向けた授業改善の推進が特徴といえます。そこで、本書も①〜③に対応するため、「第２章　新学習指導要領はどのようなことを目指しているのか」という章を加筆しました。

また、筆者が日本体育大学に在職して、すでに６年が過ぎました。その間、学生とかかわる中で、学習指導案の作成方法に関する解説の必要性を強く感じました。そこで、「第８章　学習指導案をどのように作成するのか」という章を加筆しました。

本書は、今後、教員に必要な能力である、理科教育の本質を理解し、その理解に基づく実践のあり方を明確にしました。若い先生方や理科を不得意とする先生方が本書の考え方を理解して実践すれば、必ず、子どもに未来を生きる力を育成する学習指導を構想し展開できると確信しています。

角屋　重樹

CONTENTS

第5章　理科はどのような人間性を育むのか

第6章　理科における問題解決の授業をどのようにつくるのか

第7章　理科の学力をどのように評価するのか

第8章　学習指導案をどのように作成するのか

第1章

日本の教育における目的や目標、目指す学力

1　何のために教育を行うのか（教育の目的）
2　何を教えるのか（教育の目標）：教育基本法から
3　義務教育で何を教えるのか（義務教育の目標）
4　教科の名称
5　学校教育で目指す学力

1　何のために教育を行うのか（教育の目的）

日本の教育が目指す方向、つまり、何のために教育を行うのかということについては、教育基本法の第一章「教育の目的及び理念」に明記されている。そこで、「教育の目的及び理念」における教育の目的について調べることにしよう。

○教育の目的

（教育の目的）
第一条
　教育は、人格の完成を目指し、平和で民主的な国家及び社会の形成者として必要な資質を備えた心身ともに健康な国民の育成を期して行われなければならない。

この教育の目的から、日本の学校教育が目指すことは、次のように整理できる。

学校教育においては、

①一人一人の「人格の完成」
②平和で民主的な国家及び社会の形成者として必要な資質を備えた心身ともに健康な国民の育成

が求められるといえる。

2　何を教えるのか（教育の目標）：教育基本法から

前項の教育の目的のもとに、教育の目標は、教育基本法第二条に以下のことが明記されている。

（教育の目標）

第二条　教育は、その目的を実現するため、学問の自由を尊重しつつ、次に掲げる目標を達成するよう行われるものとする。

一　幅広い知識と教養を身に付け、真理を求める態度を養い、豊かな情操と道徳心を培うとともに、健やかな身体を養うこと。

二　個人の価値を尊重して、その能力を伸ばし、創造性を培い、自主及び自律の精神を養うとともに、職業及び生活との関連を重視し、勤労を重んずる態度を養うこと。

三　正義と責任、男女の平等、自他の敬愛と協力を重んずるとともに、公共の精神に基づき、主体的に社会の形成に参画し、その発展に寄与する態度を養うこと。

四　生命を尊び、自然を大切にし、環境の保全に寄与する態度を養うこと。

五　伝統と文化を尊重し、それらをはぐくんできた我が国と郷土を愛するとともに、他国を尊重し、国際社会の平和と発展に寄与する態度を養うこと。

この教育の目標は、次のように整理できる。

日本の教育は、教育の目的を実現するため、

①知・徳・体の調和のとれた発達を基本としつつ、
②個人の自立、他者や社会との関係、自然や環境との関係、我が国の伝統や文化を基盤として国際社会を生きる日本人を育成すること

を目指しているといえる。

○教育の目的や目標からいえること

今まで調べてきた教育の目的や目標から、日本の教育は、知、徳、体のバランスがよい人間の育成を目指しているといえる。

3　義務教育で何を教えるのか（義務教育の目標）

義務教育の目標は、教育基本法　第二章　教育の実施に関する基本　第五条第二項「2　義務教育として行われる普通教育は、各個人の有する能力を伸ばしつつ社会において自立的に生きる基礎を培い、また、国家及び社会の形成者として必要とされる基本的な資質を養うことを目的として行われるものとする。」に規定する目的を実現するため、学校教育法　第二章　義務教育　第二十一条に、次の目標が明記されている。

第二十一条　義務教育として行われる普通教育は、教育基本法（平成十八年法律第百二十号）第五条第二項に規定する目的を実現するため、次に掲げる目標を達成するよう行われるものとする。

一　学校内外における社会的活動を促進し、自主、自律及び協同の精神、規範意識、公正な判断力並びに公共の精神に基づき主体的に社会の形成に参画し、その発展に寄与する態度を養うこと。

二　学校内外における自然体験活動を促進し、生命及び自然を尊重する精神並びに環境の保全に寄与する態度を養うこと。

三　我が国と郷土の現状と歴史について、正しい理解に導き、伝統と文化を尊重し、それらをはぐくんできた我が国と郷土を愛する態度を養うとともに、進んで外国の文化の理解を通じて、他国を尊重し、国際社会の平和と発展に寄与する態度を養うこと。

四　家族と家庭の役割、生活に必要な衣、食、住、情報、産業その他の事項について基礎的な理解と技能を養うこと。

五　読書に親しませ、生活に必要な国語を正しく理解し、使用する基礎的な能力を養うこと。

六　生活に必要な数量的な関係を正しく理解し、処理する基礎的な能力を養うこと。

七　生活にかかわる自然現象について、観察及び実験を通じて、科学的に理解し、処理する基礎的な能力を養うこと。

八　健康、安全で幸福な生活のために必要な習慣を養うとともに、運動を通じて体力を養い、心身の調和的発達を図ること。
九　生活を明るく豊かにする音楽、美術、文芸その他の芸術について基礎的な理解と技能を養うこと。
十　職業についての基礎的な知識と技能、勤労を重んずる態度及び個性に応じて将来の進路を選択する能力を養うこと。

義務教育の目標は、子どもが社会や自然の事象などの対象とかかわることから、態度や基礎的な理解と技能、基礎的な能力を養うことを目指しているといえる。

さらに、これらの条項は特別活動や道徳、社会、技術・家庭、国語、算数、数学、理科、保健・体育、音楽、図画工作、美術などの教科等の目標と対応関係があるといえる。

以上のことから、一～十の条項は各教科等に関する存立基盤であるといえる。教科の存立基盤とは、教科が成り立つ土台のことである。

理科という教科でいえば、第七項から、子どもが生活にかかわる自然の事物や現象を対象に観察・実験を行い、科学的な理解や処理する基礎的な能力を養うことが理科の存立基盤になるといえる。

4　教科の名称

義務教育の目標を達成する教科の名称は、学校教育法施行規則（一部改正：平成二十九年三月三十一日）によって、以下のように規定されている。

第四章　小学校　第二節　教育課程
第五十条　小学校の教育課程は、国語、社会、算数、理科、生活、音楽、図画工作、家庭、体育及び外国語の各教科（以下この節において「各教科」という。）、特別の教科である道徳、外国語活動、総合的な学習の時間並びに特別活動によって編成するものとする。

5　学校教育で目指す学力

学校教育で目指す学力は、学校教育法　第四章　小学校　第二十九条、第三十条で、以下のように明記されている。

第二十九条　小学校は、心身の発達に応じて、義務教育として行われる普通教育のうち基礎的なものを施すことを目的とする。
第三十条　小学校における教育は、前条に規定する目的を実現するために必要な程度において第二十一条各号に掲げる目標を達成するよう行われるものとする。
②　前項の場合においては、生涯にわたり学習する基盤が培われるよう、基礎的な知識及び技能を習得させるとともに、これらを活用して課題を解決するために必要な思考力、判断力、表現力その他の能力をはぐくみ、主体的に学習に取り組む態度を養うことに、特に意を用いなければならない。

したがって、目指す学力は、第三十条の②より、以下の3点に整理できる。

①基礎的な知識及び技能の習得
②これらを活用して課題を解決するために必要な思考力、判断力、表現力その他の能力をはぐくむこと、つまり問題解決のために必要な思考力、判断力、表現力などの能力の育成
③主体的に学習に取り組む態度を養うこと、つまり学習意欲の育成

が挙げられる。つまり、

（1）基礎的な知識及び技能
（2）問題解決のために必要な思考力、判断力、表現力などの能力
（3）主体的に学習に取り組む態度

を子どもに確実に獲得させるようにする必要があるといえる。

文献
(1) 教育基本法
(2) 学校教育法
(3) 学校教育法施行規則

第2章

新学習指導要領はどのようなことを目指しているのか

1　どのような子どもに育てるのか

「どのような子どもに育てるのか」に関しては、中央教育審議会の「幼稚園、小学校、中学校、高等学校及び特別支援学校の学習指導要領等の改善及び必要な方策等について（答申）」（平成28年12月21日）のpp.13に以下のように記載されている。

（1）社会的・職業的に自立した人間として、我が国や郷土が育んできた伝統や文化に立脚した広い視野を持ち、理想を実現しようとする高い志や意欲を持って、主体的に学びに向かい、必要な情報を判断し、自ら知識を深めて個性や能力を伸ばし、人生を切り拓（ひら）いていくことができること。
（2）対話や議論を通じて、自分の考えを根拠とともに伝えるとともに、他者の考えを理解し、自分の考えを広げ深めたり、集団としての考えを発展させたり、他者への思いやりを持って多様な人々と協働したりしていくことができること。
（3）変化の激しい社会の中でも、感性を豊かに働かせながら、よりよい人生や社会の在り方を考え、試行錯誤しながら問題を発見・解決し、新たな価値を創造していくとともに、新たな問題の発見・解決につなげていくことができること。

上述の（1）～（3）は、例えば、自立する人間、他者とかかわる人間、自己を変容（成長）する人間というようなキーワードで表記できる。

2　子どもにどのような力を付けるのか

2―1　教科等共通で育成する資質・能力

教科等共通で育成する資質・能力は、「知識及び技能」、「思考力、判断力、表現力等」、「学びに向かう力、人間性等」の３点で表記できる。以下、これらについて述べる。

(1) 知識及び技能

知識及び技能、特に、基礎的な知識及び技能は、例えば、漢字や九九である。漢字10個を覚える場合を例にすると、以下のことが考えられる。

子どもが漢字を習得するためには、繰り返すことが必要となる。この繰り返しについては、子どもが、自分で、例えば漢字を１つ覚えるというように目標を設定し、朝10回、昼10回、夜10回、寝る前に10回を書くという方法を工夫し実行し、覚える漢字と覚えた漢字を比べてどれだけ覚えたかを自己評価できるようにする。このような自己評価のためには、日頃の学習指導において、目標の設定→計画→実行→振り返りという一連の活動が必要になる。この繰り返しによって、子どもは知識及び技能を獲得できるようになる。

したがって、子どもが知識及び技能などを習得するためには、子ども自らが何を覚えるかなどの目標を設定し、計画、実行し、活動を振り返るということを繰り返し行うことが必要になる。

(2) 思考力、判断力、表現力等

思考力、判断力、表現力を子どもに育成するためには、まず、思考力、判断力、表現力のそれぞれを明確にし、それらを学習指導レベルで具現化することが必要になる。以下、思考力、判断力、表現力のそれぞれについて述べる。

1) 思考力

思考とは、ある目標の下に、子どもが既有経験をもとにして対象に働きかけ種々の情報を得て、それらを既有の体系と意味付けたり、関係付けたりして、新しい意味の体系を創りだしていくことであると考えられる。つまり、子ども自らが既有経験をもとに対象に働きかけ、新たな意味の体系を構築していくことが思考であるといえる。ここでいう意味の体系とは、対象に働きかける方法とその結果得られた概念やイメージなどをいう。

したがって、思考力を育成するためには、子どもが対象に関して自分で問題や目標を設定し、既有の体系と意味付けたり、関係付けたりして、新しい意味の体系を構築していくという「すべ」が必要になる（注１、２）。思考力の育成

のための意味付け、関係付けには、違いに気づいたり、比較したり、観察している対象と既有知識を関係付ける等の「すべ」が必要となる。そこで、子どもの思考力を育成するためには、日常の学習指導において、

①違いに気付いたり、比較したりする
②対象と既有知識を関係付ける　など

の「すべ」を獲得できるような工夫が必要になる。

ア　違いの気付きや分類、比較としての思考

ここで、比べる力を問題解決過程で具体化すると、以下のようになる。

教科等の問題解決活動において比べる力としての思考力を育成するためには、まず、子どもが直面している文章や映像、図表、対象等について、対象どうし、あるいは対象と既有の知識との間に違いを見いだすことが必要になる。例えば、枯れた植物と枯れていない植物を観察するということを例にすると、両者の違いに気づくことである。このような違いを見いだすことから、子どもは対象の違いがどの原因（要因）によって生じたかを考えるようになる。

ところで、対象の違いに気づくためには、比較の基準が必要で、その基準となるものと対象とを比べる力が大切になる。また、比較するという場合、日常の言語で「何と何を」比べているのかが不明確なことが多い。このため、子どもが比較する場面では、「何と何を」比べているのかを明確になるように教師は指導することが大切になる。

イ　関係付けとしての思考

関係付ける力としての思考力を育成するためには、子どもが、生起している対象と既有の知識とを関係付け、その対象が生じる原因（要因）を発想することが必要になる。したがって、問題解決のための見通しの発想場面では、子どもが対象と既有の知識を関係付け、対象が生じる原因（要因）を発想できるようにすることが必要といえる。

なお、問題解決のための見通しを発想する場面では、教師は、「なぜ」という問いを用いることが多い。見通しを発想する力の育成のためには、「なぜ」とい

う問いよりも、「何が」「どのように」という問いの方が有効な場合がある。
　今まで述べてきたことから、思考の「すべ」には、

①違いに気づく
②比較する
③関係付ける　など

が考えられる。

2) 判断力

　判断とは、子どもが目標に照らして獲得したいろいろな情報について重みを付けたり、あるいは、価値を付けたりすることである。
　したがって、子どもに判断力を育成するためには、子ども自身が自分で問題を見いだし、見いだした問題に対して種々の解決方法やその結果を対応させ、その中から適切なものを選択するという「すべ」を獲得できるようにすることが大切になる。
　以上のことから、判断の「すべ」として、

①問題をもとに、解決方法やその結果を整理すること
②問題と整合する解決方法やその結果を選択すること　など

が考えられる。

3) 表現力

　表現は、対象に働きかけて得られた情報を目的に合わせて的確に表すことであるといえる。表現活動は、見通しのもとに実行結果を得るための活動と、得られた実行結果を目的に対して的確に表出する活動から成立する。
　したがって、表現力の育成は、子どもがまず、解決方法を実行し、結果を得て、次にその結果を問題のもとに的確に整理する力を育成することが大切になる。
　ここで、解決方法を実行し、結果を得て、次にその実行結果を問題のもとに、的確に整理する力を問題解決活動に位置付けて具体化すると、以下のようになる。

まず、言語や図表で表示した見通しと解決方法の実行結果を比べる。次に、このような比較により、子どもは実行結果の妥当性を検討するとともに、検討したことを問題と照らし合わせて的確に表現できるように教師は工夫する必要がある。

以上のことから、表現の「すべ」として、

①問題意識をもって表現すべき内容を獲得すること
②問題に整合させ、的確に表出すること　など

が列挙できる。特に、②は書くモデルを教師が提供し、子どもがそれを真似ることから始めるようにすることが一つの方法として考えられる。

2—2　教科等固有で育成する見方や考え方

教科等固有で育成する見方や考え方は、各教科等の特質に応じた「見方・考え方」で以下のように述べられている。

教科の学びの過程の中で、“どのような視点で物事を捉え、どのように思考していくのか”という、物事を捉える視点や考え方は教科固有なものがある。この固有性が教科やその中の領域が存在する理由となっている。

理科の見方・考え方は、以下のものである。

自然の事物・現象を、質的・量的な関係や時間的・空間的な関係などの科学的な視点で捉え、比較したり、関係付けたりするなどの科学的に探究する方法を用いて考えること。

上述のことは、次のように分節化できる。

①エネルギー、粒子、生命、地球など、子どもが働きかける対象に違いがある。
②対象の違いがあることから対象を捉える視点が異なる。
③対象を捉える視点が異なることにより対象に働きかける考え方も異なる。

以上のような見方・考え方を通して、子どもは対象あるいは領域固有の知識や技能を獲得し累積していくようになる。

3　主体的・対話的で深い学びとなる学習指導

主体的・対話的で深い学びとなる学習指導過程を構想し展開するためには、主体的、対話的、深い学びに関するそれぞれの「すべ」が必要となる。

(1) 主体的

子どもが主体的になる学習指導過程は、おおよそ、次のように考えられる。子どもが、①自分で問題を見いだし、②自分で見通しを発想し、③自分で解決方法を発想し、④自分で結果としてのデータを整理し、⑤自分で自己の問題解決過程を振り返る、ということが主体的になるために必要となる。

①〜⑤のそれぞれが成り立つためには、以下のような「すべ」が必要となる。

①自分で問題を見いだすためには、「違いを見つける」という「すべ」
②自分で見通しを発想するためには、「既習と関係付ける」という「すべ」
③自分で解決方法を発想するためには、「既習と関係付ける」という「すべ」
④自分で結果としてのデータを整理するためには、「実行結果を問題や見通しと比べ、整合させる」という「すべ」
⑤自分で、自己の問題解決過程を振り返るためには、「①〜④までの各過程を関係付け、それらの整合関係を検討し、新たな問題を見いだす」という「すべ」

以上のような「すべ」を子どもが獲得することによって、①〜⑤が主体的になると考えられる。

(2) 対話的

子どもが対話的になるということは、各自が目標に関する見通しを実行したことについて、自分にない見通しや実行結果を他者から得るということを目指している。このため、実行結果の話し合いの場面では、①実行結果としてのデータを、目標や見通し、解決方法との関係で整理する、②他のグループのそれらを比較し、自己のものを修正するという「すべ」が必要になる。

このような話し合いは、単なる話し合いから、見通しや解決方法と、実行結果としてのデータとの関係で主張やその根拠についてそれぞれを比べるというものである。

以上のような「すべ」を子どもが獲得することによって、学習指導が対話的になると考えられる。

(3) 深い学び

深い学びの学習指導になるためには、以下のような「すべ」が大切になる。

①振り返りで自己の見通しや解決方法が変容していくという自己変容を自覚する「すべ」
②実行結果を、目標や見通し、実行方法との関係で整理しながら、絶えず、他のグループのそれらとを比較し自己のものを修正し、豊かにするという「すべ」

以上のような「すべ」を子どもが獲得することにより、学習指導が深い学びになると考えられる。

(注1)

「すべ」は、以下のように規定できる。

「すべ」は、主に、思考・判断・表現に関するものである。また、「すべ」は、概念のように内包や外延という視点から規定することが不可能である。

また、「すべ」は、スキルと異なり、文脈や本人の発達、成長によって変容するもので、暗黙知や文脈に依存するものである。そこで、本稿では、思考・判断・表現のそれぞれを成立させている操作という視点から、次のように規定した。

思考については、次のものである。
①違いに気づく
②比較する
③関係付けるなど
判断については、次のものである。
①問題・目標をもとに解決方法やその結果を整理する。
②問題と整合する解決方法やその結果を選択する。
表現については、次のものである。
①問題意識をもって表現すべき内容を獲得する。
②問題と整合させ、解決した結果を的確に表出する。

（注2）

「すべ」の学習指導過程は、川崎市立東菅小学校の実践から、次のようなことが明らかになっている。

子どもが「すべ」を獲得するためには、
①まず、教師が思考、判断、表現のそれぞれの「すべ」を理解し、獲得する。
②次に、教室環境や教師とのかかわりで、子どもが思考、判断、表現のそれぞれの「すべ」を獲得する。
という過程が必要である。

文献
・中央教育審議会、「幼稚園、小学校、中学校、高等学校及び特別支援学校の学習指導要領等の改善及び必要な方策について（答申）」、平成28年12月21日

第3章

理科の内容構成の原理 自然科学とは

1　自然科学はどのような科学か

(1) 自然科学は何を目指しているのか

(2) 自然科学はどのような方法を用いるのか

(3) 自然科学における理論とは何か

(4) 自然科学における概念とは何か

(5) 自然科学における事実とは何か

(6) 理科教育はどのようなあり方になるのか

1　自然科学はどのような科学か

理科という教科の基盤となっている自然科学とはどのような科学かについて考える。まず、自然科学が何を目指しているか、次に、その方法はどのようなものなのか、そして、理論や概念、事実はどのようなものであるかを考えてみよう。

(1) 自然科学は何を目指しているのか

科学とは、再現性や実証性、及び客観性を保証する実験を伴うものである（池内、1996）。また、科学は、実験や観察に基づいて理論や法則を構築していくという方法に依拠している（伊勢田、2003）。以下、実験と観察を総称して実験と略記する。

さらに、自然科学は再現性や実証性、客観性を保証する実験を行い、自然事象に関する理論や法則を構築していくことであるといえる。

したがって、自然の事物や現象を対象とする自然科学は、未来に起こる事象を予測することを目指している。このため、まず、自然の事象の記述に始まり、説明し、予測するようになる。ここで、記述や説明、予測ということについて詳細に考えてみる。

1) 事象の記述

事象を記述することは、観察できる事実を記録することである。例えば、観察しているヘチマについては、「ヘチマが枯れていく」、「ヘチマがだんだん大きくなっていく」などである。

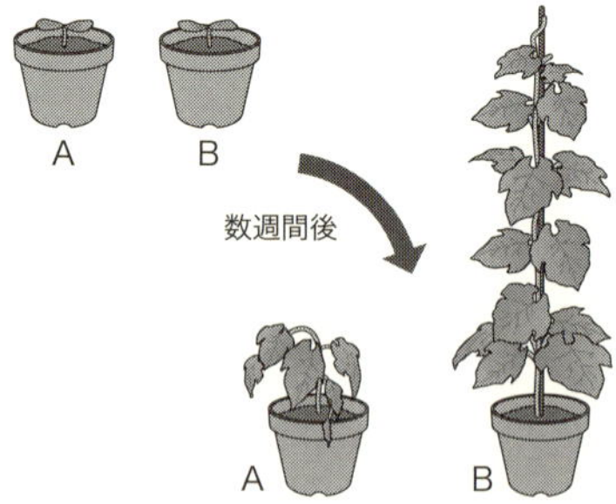

2) 説明

説明とは、事象を、例えば、「原因」と「結果」というように論理的に関係付けることである。

例えば、ヘチマの成長を例にすると以下のようになる。

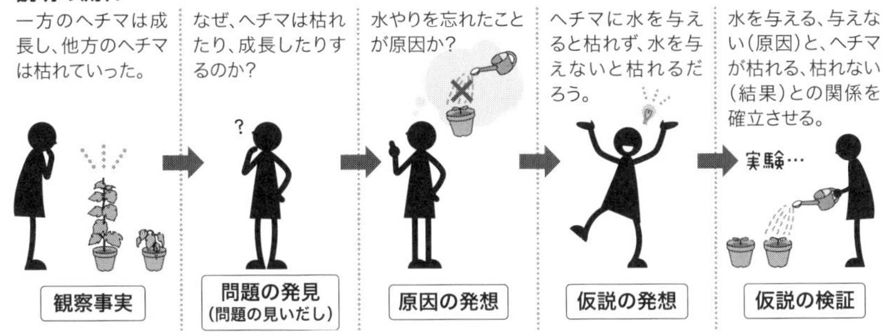

したがって、上述のことから、次のようにいえる。説明とは、問題となっている事象について、確立している原因と結果の関係から、原因を発想することである。

3) 予測

予測とは、確立している原因と結果から、原因を想定し、未来に起こる事象を予想することである。

4) まとめ

今まで述べてきたことから、自然科学とは次のように整理できる。

自然科学は、未来に起こる事象を予測することを目指して、まず、現象を記述し、説明し、そして、確立している原因と結果から、原因を想定し、未来に起こる事象を予想することであるといえる。

(2) 自然科学はどのような方法を用いるのか

自然科学の方法については、いろいろなものがある。おおよその一般的な方法を、例を用いて説明すると、以下のようになる。

①自然事象から説明できない事象である、問題を見いだす。

②見いだした問題に対して、説明できる仮説を発想する。

③発想した仮説が成り立つか否か、つまり、仮説の真偽を実験で検討する方法を立案し、実験を実行し、結果を得る。

④得られた実験結果を、発想した仮説や実験方法との関係で見直し、新たな問題を見いだす。

上述の①～④の方法のうち、特に④で、得られた実験結果が発想した仮説通りにならなかった場合に、さらに、次の方法が必要になる。それらは、

⑤発想した仮説や実験方法を見直す。

⑥新たな仮説や実験方法を発想する。

⑦新たな仮説や実験方法で再度実験を行い、その実験結果を仮説や実験方法との関係で見直し、新しい問題を見いだし解決していく。

以上のような①～⑦の手順を踏まえて、規則性や法則を構築していくことになる。

①～⑦の方法は、事象を説明できる仮説の真偽を実験で検討するため、実験方法を立案し、その実験方法を実行し、仮説の真偽を検討するというものである。したがって、自然科学の方法は、仮説に関する真偽の検討、つまり、仮説検証がその基底にあるといえる。このため、問題の意識化と発想した仮説がきわめて大切になる。

(3) 自然科学における理論とは何か

自然科学における理論を検討するため、天文学における天動説と地動説という理論を、例として取り上げる。

天動説は地球不動説ともいわれ、地球が動かずに太陽が地球の回りを動いているという考え方であった。この天動説は、アリストテレスやプトレマイオスらによって継承されてきた。この考え方は地球が宇宙の中心にあり、天体の運動を円運動により説明することを特徴としていた。そして、この天動説が長い間人々に受け入れられていた。

1543年に、コペルニクスによる『天体の回転について』という本が出版された。この出版によって天動説から地動説に転換したといわれる。コペルニクスの考え方は地球中心のプトレマイオスの説明体系を、太陽中心にしたものであり、地球中心から太陽中心に転換したものである。この考え方が地動説といわれるものである。地動説は太陽が宇宙の中心にあり、他の天体が太陽の回りを動くことによって天体に関する現象を説明するものである。しかし、このコペルニクスにおいても、天体の運動を円運動とするアリストテレスやプトレマイ

オスの考え方の枠組みが継承されていた。

天体の運動を円運動から楕円運動に転換したのは、ケプラーであった。彼は、前述のコペルニクスによる地動説をさらに発展させていった。ケプラーは、師であるブラーエが収集したデータをもとに、火星の運動の法則性を追究していった。師のブラーエは、天動説という考え方のもとに火星の軌道に関するデータを収集していた。

これに対して、ケプラーは地動説という考え方のもとにデータを整理した。その結果、彼は、地球が太陽を中心にして運動するという考え方を構築するだけでなく、楕円軌道の法則や面積速度一定の法則、調和の法則というケプラーの三法則である惑星に関する運動理論を創造した。

このように天体現象に関する説明体系としての理論は、16世紀を境に、天動説から地動説に転換している。この転換においても、コペルニクスやブラーエが生きた時代を支配した考え方の枠組みである「天体の運動は円運動である」という考え方がその基底となっていたといえる。

したがって、この事例においても、理論は時代による影響を受けた科

学者が創造し、転換していると考えることができる。

今までに述べてきたことは次のように整理できる。

理論は時代による影響を受けた科学者が創造し転換していく。

(4) 自然科学における概念とは何か

前項で、理論が転換していくことについて考えてきた。その理論は概念が体系化されたものであると考えることができる。

そこで、理論の転換と概念の意味の変化との関係について考えることにする。このため、例を惑星にとり、その意味について考えることにする。

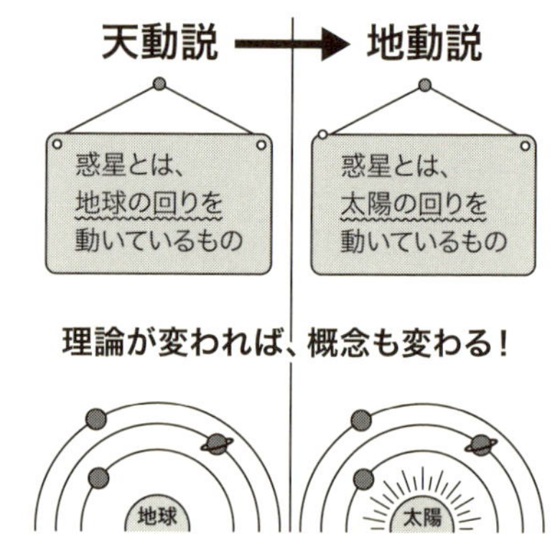

惑星は、アリストテレスやプトレマイオスらの天動説において、地球を中心に恒星と総体的に運動するものであった。

ところが、コペルニクスやケプラーらにおいて、惑星は太陽の回りを運動するものになった。

したがって、天動説から地動説というように理論が転換すれば、惑星の意味も変わってくるといえる。

(5) 自然科学における事実とは何か

前項までにおいて、理論や概念はその時代に生きた科学者が創造するので、それらは変化すると考えた。理論が変化すると考えると、観察される現象としての事実は変化するかどうか、つまり、理論の転換と観察される現象としての事実との関係について検討することが必要になる。この検討に当たっては、天動説から地動説への転換を考えることにする。

天動説から地動説への転換では理論と観察される現象との関係は、以下のように考えることができる。

天動説で天体の現象を説明していた時代の人々と地動説で天体の現象を説明していた時代の人々とは、共に、同じ天体の現象を観察していたと考えられる。

しかし、同じ天体の現象を観察していても、天動説では太陽が地球の回りを動いているという意味を抽出しており、地動説では地球が太陽の回りを動いているという意味を抽出していた。

上述のことは、次のことを意味すると考える。

理論というフィルターで現象を見ると、
事実が変わってくる。

人々は同じ天体の現象を観察していても、天動説では「太陽が地球の回りを動いている」と考え、地動説では「地球が太陽の回りを動いている」というように考えている。これらは、同一の現象に対しても異なった意味を抽出している、ということを意味する。このことは、現象からその説明体系としての理論を創造するのではなく、創造した説明体系としての理論から現象を観察していると考えることができる。

今まで述べてきたことは、以下の２点に整理できる。

①現象はそれを説明する理論が存在して初めて意味を抽出でき、それが事実となっている、と考えることができる。つまり、Toulmin (1978) の考え方のように、事実は理論という視点によって事象から抽出された意味であるといえる。

②事実はそれを説明する理論が変われば異なってくる、と考えることができる。つまり、事実は理論によって変わると考えることができる。

上述のことは、Hanson (1982) の観察の理論負荷性という考え方で説明されている。この考え方は、事象から科学的事実を抽出する観察活動では観察者が理論を既有しているというものである。この考え方には理論と事実という関係が内在しており、両者の関係が「事実から理論へ」という考え方から「理論から事実へ」という考え方に転換したことを意味する。

(6) 理科教育はどのようなあり方になるのか

今まで述べてきたことから、科学は客観的な知識と方法から成立しているという考え方から、時代による影響を受けた科学者が構築した知識体系であるという考え方へと転換しているといえる。このように科学に対する考え方が変換しているとき、新しい理科教育は、次のように転換していくことが必要であると考える。

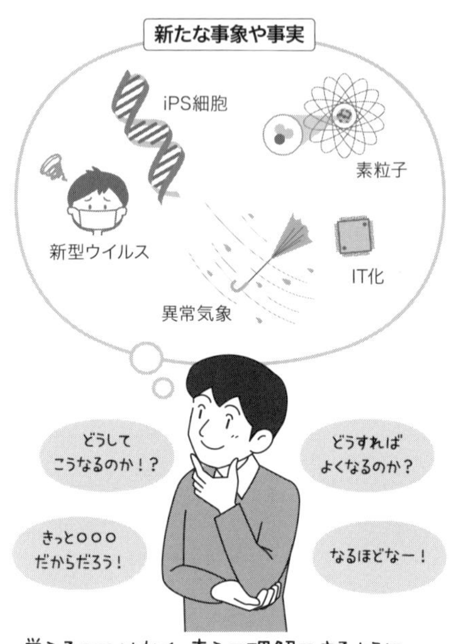

覚えるのではなく、考えて理解できるように…。

客観的な知識と方法から成立するという考え方の科学観における理科教育は、客観的な知識と普遍的に適用できる科学の方法を学習者に教授していくことで教育が成立していたといえよう。これに対して、科学が時代による影響を受けた科学者が構築した動的な知識体系であるという考え方に基づく理科教育では、すでに構築された知的体系としての科学的知識と方法を子どもに教授していくのではなく、「科学を創ること」ができる能力を子どもが獲得できるようにしていくことが必要であるといえる。つまり、理科は、科学的に妥当な知を創造していく能力を学習者が獲得していくことができる教育課程にすべきであるといえる。

ここにいう科学的に妥当な知とは、以下に述べる実証性や再現性、客観性を満足するものである。

科学的に妥当な知

①実証性

　子どもが発想した仮説などは、最初は主観的なものである。このため、その見通しを観察・実験などを通して検討する必要がある。このように発想した見通しを観察・実験などによって検討できるという条件が実証性である。

②再現性

　仮説などを観察・実験などを通して実証するとき、その結果が一過性で一定でないものは人々の間で共有することができない。そこで、同じ条件下では必ず同じ結果が得られるという条件が必要となる。この条件が再現性である。

③客観性

　仮説などが実証性や再現性という条件などを満足すると、多くの人によって承認され共有されるようになる。このように、多くの人々によって承認され公認されるという条件が客観性である。

文献

(1) 高根正昭著、『創造の方法学』、講談社、2006.（32版）
(2) 鈴木健・大井恭子・竹前文夫編著、『クリテイカル・シンキングと教育－日本の教育を再構築する－』世界思想社、2006.
(3) Hanson, N. R. 著・渡辺博・野家啓一訳、『知覚と発見 下－科学的探究の論理－』、紀伊國屋書店、1982.
(4) Brown, H. I. 著・野家啓一・伊藤春樹訳、『科学論序説－新パラダイムへのアプローチ－』、培風館、1985.
(5) 池田清彦著、『構造主義科学論の冒険』、毎日新聞社、1990.
(6) 小林傳司・中山伸樹・中島秀人、『科学とは何だろうか－科学観の転換－』、木鐸社、1991.
(7) Kuhn, T. S. 著・中山茂訳、『科学革命の構造』、みすず書房、1979.
(8) 角屋重樹・松浦拓也、『新しい科学論に立つ科学教育のあり方』、科学教育研究、第25巻、第5号、pp.356－362、2001.

第4章

理科の内容区分の考え方

1　小学校、中学校、及び高等学校における内容区分の考え方

(1) 小学校における内容区分

小学校の学習内容はどのようにして区分されてきたのかを明らかにするため、小学校学習指導要領「理科」の内容区分を歴史的に調べる。

小学校学習指導要領「理科」の内容区分は、昭和43年版〜平成10年版と、平成20年版では異なっている。そこで、昭和43年版〜平成10年版と平成20年版以後とに分けて調べることにする。

1) 昭和43年版〜平成10年版の小学校「理科」の内容区分

昭和43年版〜平成10年版の小学校学習指導要領「理科」の内容区分は、以下のように区分されてきた。

A　生物とその環境

B　物質とエネルギー

C　地球と宇宙

この区分は、主に、以下のような考え方をもとにしていると考えられる。子どもが生まれて初めて接するのは親などの生物である。そこで、まず、「A　生物とその環境」を設定した。次に、子どもは成長とともにおもちゃなどの動く実体や事象に接する。そこで、「B　物質とエネルギー」を設定した。さらに、子どもは成長とともに、月や太陽などの事象に接するようになるので「C　地球と宇宙」という区分が設定されたと考えることができる。

以上のことから、「A　生物とその環境」、「B　物質とエネルギー」、「C　地球と宇宙」という学習内容区分は、子どもの認識を深化・拡大させることをねらいとしているといえる。

2) 平成20年版以後の小学校「理科」の内容区分

平成20年版の小学校学習指導要領「理科」の内容区分は、高等学校の科目区分で述べる考え方のもとに、「A物質・エネルギー」と「B生命・地球」に分け、さらにこれらは領域「エネルギー」「粒子」「生命」「地球」というように区分さ

れている。

(2) 中学校における内容区分

中学校学習指導要領「理科」の内容区分は、昭和33年版から第１分野と第２分野に分けられている。第１分野は物理と化学の学習内容、これに対して、第２分野は生物と地学から構成されている。内容区分が第１分野と第２分野に分けられているということは、各分野に対する生徒の働きかけ方の違いがあると考えられる。その違いは、以下のように考えることができる。

第１分野の学習内容は、主に、生じる事象が可逆的で実験で何度も繰り返して調べることが可能な事象である。これに対して、第２分野の学習内容は、主に、生起する事象が可逆的ではなく再現できない事象である。このように各分野で学習する事象が可逆、あるいは可逆ではない、という特徴を有するので、生徒の事象に対する働きかけ方が異なってくるといえる。

以上のことから、第１分野と第２分野という内容の区分は、生徒の事象に対する働きかけ方の違いという考え方に基づくものといえる。

なお、現行の平成20年版の小、中学校の学習指導要領「理科」における内容区分は、「A　物質・エネルギー」、「B　生命・地球」である。この内容区分は、中学校の第１、２分野に対応する考え方である。

したがって、繰り返しが可能、不可能という事象の違いによる内容の区分は、児童生徒の事象に対する働きかけ方の違いによるものといえる。

(3) 高等学校における内容区分

高等学校の教科「理科」は、主に、物理、化学、生物、地学という４科目に大別される。教科「理科」が４つの科目に大別されているということは、各科目に固有な事象に対する扱い方があるからと考えられる。科目固有の事象に対する扱い方は、次のように説明できる。

科目「物理」は、主に事象を関係的に捉え、事象を量的に扱うことをねらいとする。これに対して、科目「化学」は、主に事象を実体的に捉え、事象の「質」を捉えることがねらいといえる。また、科目「生物」、「地学」は、共に、事象を「部分」と「全体」の関係で捉え、主に生命に関する事象を扱うのが科目「生物」で、主に物質に関する事象を扱うのが科目「地学」であるといえる。

以上のことから、高等学校における物理、化学、生物、地学の科目区分は、生徒の事象に対する扱い方の違いという中学校の区分の考え方を細分化したと考えられる。

(4) 理科の学習内容を構成する考え方

今まで述べてきたことから、理科の内容領域を区分する考え方は、次のようにいえる。理科の内容領域は、自然科学をもとに児童・生徒の事象に対する働きかけ方や扱い方の違いという教育的価値を付加し学習内容を構成しているといえる。

平成20年版から、小、中、高等学校の学習内容を、「エネルギー」、「粒子」、「生命」、「地球」というように統一している。

2　学習内容領域の系統の含意

本項では、まず学習内容の系統性の意味について述べる。次に、量的、関係的な見方や考え方を育てるエネルギーの領域や質的、実体論的な見方や考え方を育てる粒子の領域、部分と全体の関係で生命現象を捉える生命の領域、部分と全体の関係で地球の現象を捉える地球の領域、それぞれの学習内容系統を述べる。

○学習内容の系統性の意味

学習内容の系統性の意味を領域「粒子」における学習内容を例に、その系統を述べる。

第3学年「ものと重さ (1) 形と重さ」

ここでは、物質の形態は変化しても重さは変化しないことを捉える。

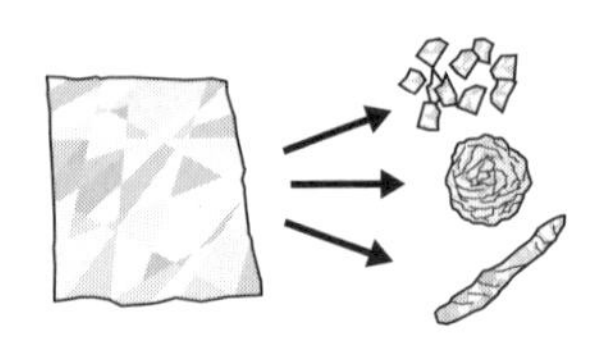

第4学年「空気と水の性質（1）空気の圧縮」

ここでは、空気の圧縮という学習の前に、袋に空気を集めるという学習を行う。この学習は、目に見えない物質（例　空気）でも手応えがあるということを捉える。これは、見えない空気を実体としての存在で捉える。

第5学年「質量保存の法則」

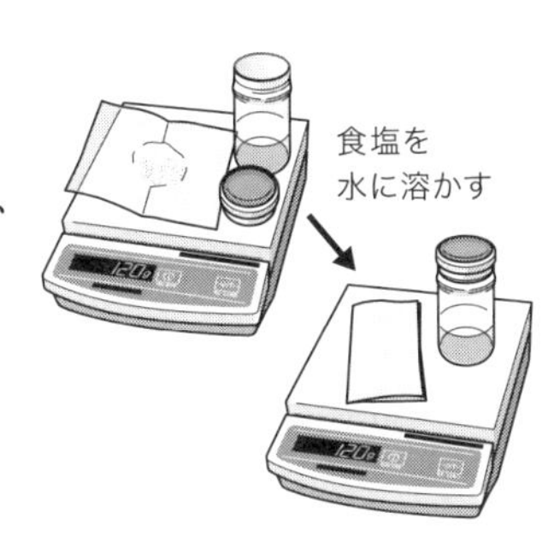

ここでは、目に見えていた物質を水に溶かすことによって目に見えないようになる。これは、第３学年の物質の形態は変化しても重さは変化しないことと、第４学年の見えない物質でも実体として存在することから、溶けて目に見えなくなっても物質は質量として保存されることを捉える。

第6学年「燃焼における酸素と二酸化炭素」

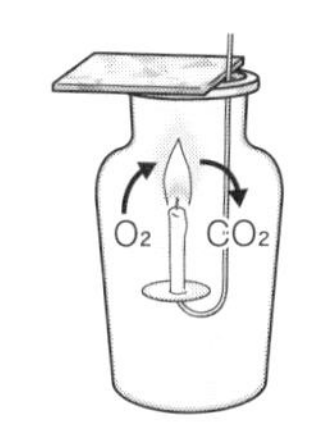

ここでは、酸素や二酸化炭素という質的に異なる見えない存在があることを捉える。

中学校第2学年「化学変化と物質の質量」

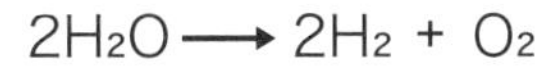

ここでは、中学校第３学年からの学習を統一的に捉えるために、原子や分子という概念を導入し、種々の現象を説明するようになる。

3　内容区分の根拠

（1）学習内容をどのようにして区分するか

理科の学習内容を区分する根拠は、主に、理科の基盤である自然科学の各分野の特徴を分析し、それを理科の学習内容区分の根拠として追究することが一つの方法と考えられる。

このため、本項では、自然科学の分類、各分野の特徴、学習内容区分の根拠に分けて論ずる。

（2）自然科学はどのように分類できるか

自然科学がどのようなものであるかを捉えるには、まず自然科学の体系を分類し、その分類した体系の特徴を考えることが一つの方法と考える。ここでは、自然科学史や自然哲学などの考え方を援用することから、自然科学の分類とその分類した体系の特徴を検討する。

自然科学という学問体系を端山好和（1998）は次のように大別し分類している。彼は、自然科学は主に宇宙・地球観、物質観、生命観と分類している。さらに物質観を原子論・分子論、有機物質の化学などで代表できる化学と、量子力学や原子核物理学などで代表できる物理学に分類している。

これらの分類から、自然科学は、宇宙・地球観などの「地球科学」、生命観などを扱う「生物学」、原子論・分子論、有機物質などを扱う「化学」と、量子力学などを扱う「物理学」に分けることができるといえる。

○物理学、化学、生物学、地球科学の特徴

自然科学を物理学、化学、生物学、地球科学に分けた場合の、体系の各特徴を考える。

（3）物理学、化学の特徴は何か

柳瀬睦男（1984）は「ものとは何か」や「運動とは何か（あるいは変化とは何か）」という問いをもとに自然科学の特徴を捉えている。前者の問いは物質の構造、後者の問いは法則の発見と捉え、法則の発見は主に、運動の法則と保存法

則に大別できるとしている。また、彼は「現在の物理学を一言で言えば、エネルギーの学問であるといえそうです。」と述べている。このことから、物理学の特徴は「エネルギー」と考えることができる。

また、宮原将平は物理学と化学を、その成立の歴史から捉えている。そして、「両者は共に無機的自然の運動と変化を扱い、物理学は量的側面を、化学は質的側面を、それぞれ扱ってきた」と述べている。したがって、物理学は量的側面、化学は質的側面が、それぞれの特徴といえる。

以上のことから、物理学は「エネルギー」の考え方を基盤とし量的側面、化学は「物質」を実体的に質的側面でそれぞれ捉えているといえる。

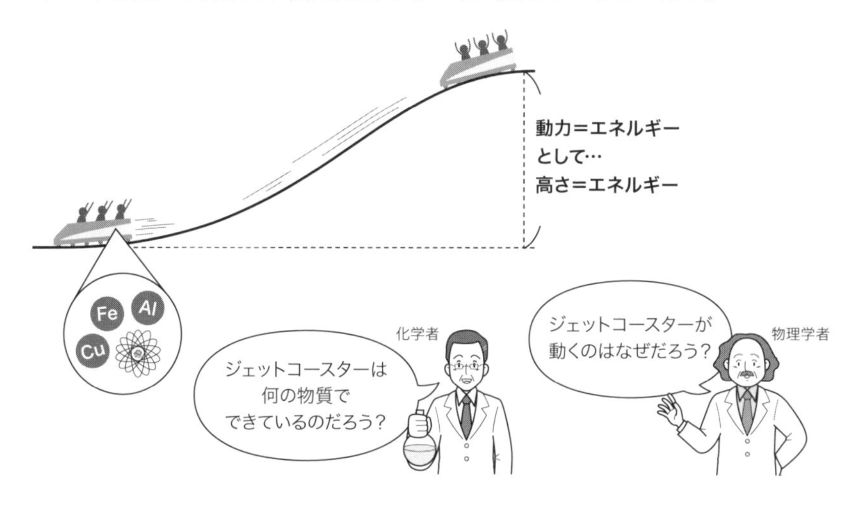

（4）生物学、地球科学の特徴は何か

柳瀬睦男は「生き物とは何か」という項目で、「……（略）……、これだけを使っても分からないことが『生物』の中にはたくさんあるのです。ある物があり、それが何からできているか全部分かってしまえばバラしてしまった部品の性質が分かれば、できたものの性質が全部分かる—これを還元主義といいますが—かというと、必ずしもそうではない」と説明している。これは、システムの基盤となる枠組みで、全体の機能を部分という要素から捉える、つまり、「全体と部分」という考え方であるといえる。同様の考え方は、細胞と生物体との関係においても展開されてきた。

また、地球科学の分野では20世紀後半の地球観としてプレートテクトニクスが創出された。この考え方は、例えば、日本の地震や火山現象という「部分」の現象を、地球全体の数枚のプレートの運動として説明する。この考え方は、生起する現象を「全体と部分」という視点から捉えているといえる。

以上のことから、生物学と地球科学は、共に「全体と部分」という考え方が共通しており、前者は生命現象を、後者は物質現象を、それぞれ対象としている点が異なる。

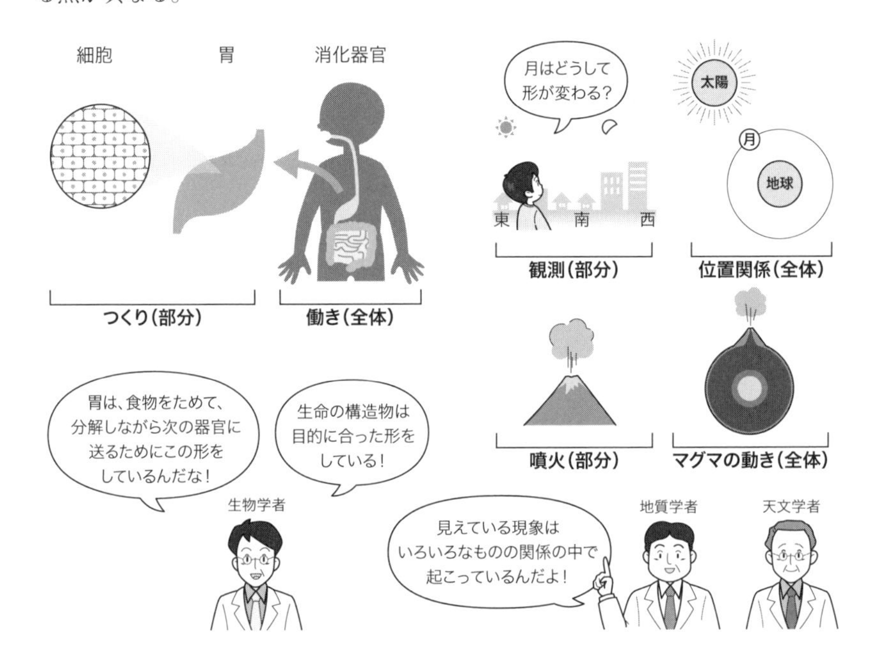

(5) 学習内容をどのように区分するか

今まで述べた、自然科学の体系を分類し、その分類した体系の特徴を考えることから、学習内容は次の4種に区分することができる。

①自然事象の中から、事象を主に関係的、かつ、量的に扱うことを学習内容とする。(物理)

②自然事象の中から、主に事象を実体的に捉え、かつ、事象の「質」を捉えることを学習内容とする。(化学)

③主に生命に関する事象について「全体」と「部分」という関係で捉えることを学習内容とする。(生物)

④地球やそれを取り巻く現象の中から主に地球や宇宙に関する事象について「全体」と「部分」という関係で捉えることを学習内容とする。(地学)

文献
(1) 角屋重樹、「小学校・中学校・高等学校における理科学習活動の設計に関する一考察」、日本教科教育学会誌、第3巻、第3号、pp.40-45、1978.
(2) 端山好和、『自然科学史入門』、東海大学出版会、1998.
(3) 柳瀬睦男、『科学の哲学』、岩波新書、pp.3-23、1984.
(4) 坂田昌一・近藤洋逸編、『自然の哲学』、pp.241-252、岩波書店、1968.
(5) 仲本章夫、『科学思想論』、創風社、pp.100-101、1998.
(6) 角屋重樹・他5名、『理科教員養成のコア・カリキュラムのあり方に関する一考察－教職専門と教科専門の架橋を中心に－』、日本教科教育学会誌、Vol.35、No.2、pp.11-18、2012.

表1　領域「エネルギー」の内容系統表（「小学校学習指導要領解説理科編」より　以下同様）

実線は新規項目。破線は移行項目。

校種	学年	エネルギー		
		エネルギーの捉え方	エネルギーの変換と保存	エネルギー資源の有効利用
小学校	第3学年	**風とゴムの力の働き** ・風の力の働き ・ゴムの力の働き **光と音の性質** ・光の反射・集光 ・光の当て方と明るさや暖かさ ・音の伝わり方と大小	**磁石の性質** ・磁石に引き付けられる物 ・異極と同極 **電気の通り道** ・電気を通すつなぎ方 ・電気を通す物	
	第4学年		**電流の働き** ・乾電池の数とつなぎ方	
	第5学年	**振り子の運動** ・振り子の運動	**電流がつくる磁力** ・鉄心の磁化、極の変化 ・電磁石の強さ	
	第6学年	**てこの規則性** ・てこのつり合いの規則性 ・てこの利用	**電気の利用** ・発電（光電池（小4から移行）を含む）、蓄電 ・電気の変換 ・電気の利用	
中学校	第1学年	**力の働き** ・力の働き（2力のつり合い（中3から移行）を含む） **光と音** ・光の反射・屈折（光の色を含む） ・凸レンズの働き ・音の性質		
	第2学年	**電流** ・回路と電流・電圧 ・電流・電圧と抵抗 ・電気とそのエネルギー（電気による発熱（小6から移行）を含む） ・静電気と電流（電子、放射線を含む） **電流と磁界** ・電流がつくる磁界 ・磁界中の電流が受ける力 ・電磁誘導と発電		
	第3学年	**力のつり合いと合成・分解** ・水中の物体に働く力（水圧、浮力（中1から移行）を含む） ・力の合成・分解 **運動の規則性** ・運動の速さと向き ・力と運動 **力学的エネルギー** ・仕事とエネルギー ・力学的エネルギーの保存	**エネルギーと物質** ・エネルギーとエネルギー資源（放射線を含む） ・様々な物質とその利用（プラスチック（中1から移行）を含む） ・科学技術の発展	**自然環境の保全と科学技術の利用** ・自然環境の保全と科学技術の利用 〈第2分野と共通〉

表2　領域「粒子」の内容系統表

粒　子			
粒子の存在	粒子の結合	粒子の保存性	粒子のもつエネルギー
		物と重さ ・形と重さ ・体積と重さ	
空気と水の性質 ・空気の圧縮 ・水の圧縮			**金属、水、空気と温度** ・温度と体積の変化 ・温まり方の違い ・水の三態変化
		物の溶け方 (溶けている物の均一性(中1から移行)を含む) ・重さの保存 ・物が水に溶ける量の限度 ・物が水に溶ける量の変化	
燃焼の仕組み ・燃焼の仕組み	**水溶液の性質** ・酸性、アルカリ性、中性 ・気体が溶けている水溶液 ・金属を変化させる水溶液		
物質のすがた ・身の回りの物質とその性質 ・気体の発生と性質		**水溶液** ・水溶液	**状態変化** ・状態変化と熱 ・物質の融点と沸点
物質の成り立ち ・物質の分解 ・原子・分子	**化学変化** ・化学変化 ・化学変化における酸化と還元 ・化学変化と熱 **化学変化と物質の質量** ・化学変化と質量の保存 ・質量変化の規則性		
水溶液とイオン ・原子の成り立ちとイオン ・酸・アルカリ ・中和と塩 **化学変化と電池** ・金属イオン ・化学変化と電池 **エネルギーと物質** ・エネルギーとエネルギー資源 (放射線を含む) ・様々な物質とその利用 (プラスチック(中1から移行)を含む) ・科学技術の発展 **自然環境の保全と科学技術の利用** ・自然環境の保全と科学技術の利用 〈第2分野と共通〉			

表3　領域「生命」の内容系統表

実線は新規項目。破線は移行項目。

校種	学年	生命		
		物の構造と機能	生命の連続性	生物と環境の関わり
小学校	第3学年	**身の回りの生物** ・身の回りの生物と環境との関わり ・昆虫の成長と体のつくり ・植物の成長と体のつくり		
小学校	第4学年	**人の体のつくりと運動** ・骨と筋肉 ・骨と筋肉の働き	**季節と生物** ・動物の活動と季節 ・植物の成長と季節	
小学校	第5学年		**植物の発芽、成長、結実** ・種子の中の養分 ・発芽の条件 ・成長の条件 ・植物の受粉、結実 **動物の誕生** ・卵の中の成長 ・母体内の成長	
小学校	第6学年	**人の体のつくりと働き** ・呼吸 ・消化・吸収 ・血液循環 ・主な臓器の存在 **植物の養分と水の通り道** ・でんぷんのでき方 ・水の通り道		**生物と環境** ・生物と水、空気との関わり ・食べ物による生物の関係（水中の小さな生物（小5から移行）を含む） ・人と環境
中学校	第1学年	**生物の観察と分類の仕方** ・生物の観察 ・生物の特徴と分類の仕方 **生物の体の共通点と相違点** ・植物の体の共通点と相違点 ・動物の体の共通点と相違点（中2から移行）		
中学校	第2学年	**生物と細胞** ・生物と細胞 **植物の体のつくりと働き** ・葉・茎・根のつくりと働き（中1から移行） **植物の体のつくりと働き** ・生命を維持する働き ・刺激と反応		
中学校	第3学年		**生物の成長と殖え方** ・細胞分裂と生物の成長 ・生物の殖え方 **遺伝の規則性と遺伝子** ・遺伝の規則性と遺伝子 **生物の種類の多様性と進化** ・生物の種類の多様性と進化（中2から移行）	**生物と環境** ・自然界のつり合い ・自然環境の調査と環境保全 ・地域の自然災害 **自然環境の保全と科学技術の利用** ・自然環境の保全と科学技術の利用 <第1分野と共通>

表4　領域「地球」の内容系統表

地　球		
地球の内部と地表面の変動	地球の大気と水の循環	地球と天体の運動
	太陽と地面の様子 ・日陰の位置と太陽の位置の変化 ・地面の暖かさや湿り気の違い	
雨水の行方と地面の様子 ・地面の傾きによる水の流れ ・土の粒の大きさと水のしみ込み方	**天気の様子** ・天気による1日の気温の変化 ・水の自然蒸発と結露	**月と星** ・月の形と位置の変化 ・星の明るさ、色 ・星の位置の変化
流れる水の動きと土地の変化 ・流れる水の働き ・川の上流・下流と川原の石 ・雨の降り方と増水	**天気の変化** ・雲と天気の変化 ・天気の変化の予想	
土地のつくりと変化 ・土地の構成物と地層の広がり（化石を含む） ・地層のでき方 ・火山の噴火や地震による土地の変化		**月と太陽** ・月の位置や形と太陽の位置
身近な地形や地層、岩石の観察 ・身近な地形や地層、岩石の観察 **地層の重なりと過去の様子** ・地層の重なりと過去の様子 **火山と地震** ・火山活動と火成岩 ・地震の伝わり方と地球内部の働き **自然の恵みと火山災害・地震災害** ・自然の恵みと火山災害・地震災害（中3から移行）		
	気象観測 ・気象要素（圧力（中1の第1分野から移行）を含む） ・気象観測 **天気の変化** ・霧や雲の発生 ・前線の通過と天気の変化 **日本の気象** ・日本の天気の特徴 ・大気の動きと海洋の影響 **自然の恵みと気象災害** ・自然の恵みと気象災害（中3から移行）	
生物と環境 ・自然界のつり合い ・自然環境の調査と環境保全 ・地域の自然災害 **自然環境の保全と科学技術の利用** ・自然環境の保全と科学技術の利用 <第1分野と共通>		**天体の動きと地球の自転・公転** ・日周運動と自転 ・年周運動と公転 **太陽系と恒星** ・太陽の様子 ・惑星と恒星 ・月や金星の運動と見え方

表5　育成を目指す思考力、判断力、表現力等及び学びに向かう力、人間性等の表

<table>
<tr><th>校種</th><th>資質・能力</th><th>学年</th><th>エネルギー</th><th>粒子</th><th>生命</th><th>地球</th></tr>
<tr><td rowspan="6">小学校</td><td rowspan="4">思考力、判断力、表現力等</td><td>第3学年</td><td colspan="4">(比較しながら調べる活動を通して)
自然の事物・現象について追究する中で、差異点や共通点を基に、問題を見いだし、表現すること。</td></tr>
<tr><td>第4学年</td><td colspan="4">(関係付けて調べる活動を通して)
自然の事物・現象について追究する中で、既習の内容や生活経験を基に、根拠のある予想や仮説を発想し、表現すること。</td></tr>
<tr><td>第5学年</td><td colspan="4">(条件を制御しながら調べる活動を通して)
自然の事物・現象について追究する中で、予想や仮説を基に、解決の方法を発想し、表現すること。</td></tr>
<tr><td>第6学年</td><td colspan="4">(多面的に調べる活動を通して)
自然の事物・現象について追究する中で、より妥当な考えをつくりだし、表現すること。</td></tr>
<tr><td rowspan="2">学びに向かう力、人間性等</td><td rowspan="2"></td><td colspan="4">主体的に問題解決しようとする態度を養う。</td></tr>
<tr><td></td><td></td><td colspan="2">生物を愛護する(生命を尊重する)態度を養う。</td></tr>
</table>

※各学年で育成を目指す思考力、判断力、表現力等については、該当学年において育成することを目指す力のうち、主なものを示したものであり、他の学年で掲げている力の育成についても十分に配慮すること。

<table>
<tr><th>校種</th><th>資質・能力</th><th>学年</th><th>エネルギー</th><th>粒子</th><th>生命</th><th>地球</th></tr>
<tr><td rowspan="5">中学校</td><td rowspan="4">思考力、判断力、表現力等</td><td>第1学年</td><td colspan="4">問題を見いだし見通しをもって観察、実験などを行い、【規則性、関係性、共通点や相違点、分類するための観点や基準】を見いだして表現すること。</td></tr>
<tr><td>第2学年</td><td colspan="4">見通しをもって解決する方法を立案して観察、実験などを行い、その結果を分析して解釈し、【規則性や関係性】を見いだして表現すること。</td></tr>
<tr><td rowspan="2">第3学年</td><td colspan="4">見通しをもって観察、実験などを行い、その結果(や資料)を分析して解釈し、【特徴、規則性、関係性】を見いだして表現すること。また、探究の過程を振り返ること。</td></tr>
<tr><td colspan="2">見通しをもって観察、実験などを行い、その結果を分析して解釈するとともに、自然環境の保全と科学技術の利用の在り方について、科学的に考察して判断すること。</td><td colspan="2">観察、実験などを行い、自然環境の保全と科学技術の利用の在り方について、科学的に考察して判断すること。</td></tr>
<tr><td>学びに向かう力、人間性等</td><td></td><td colspan="2">【第1分野】
物質やエネルギーに関する事物・現象に進んで関わり、科学的に探究しようとする態度を養う。</td><td colspan="2">【第2分野】
生命や地球に関する事物・現象に進んで関わり、科学的に探究しようとする態度、生命を尊重し、自然環境の保全に寄与する態度を養う。</td></tr>
</table>

※内容の(1)から(7)までについては、それぞれのアに示す知識及び技能とイに示す思考力、判断力、表現力等とを相互に関連させながら、3年間を通じて科学的に探究するために必要な資質・能力の育成を目指すものとする。

第5章

理科はどのような人間性を育むのか

1　理科は、なぜ、観察・実験が必要なのか

理科はどのような人間性を育むのかを明らかにするため、まず、理科という教科の特性である観察・実験について調べる。

○観察・実験の意味・意義

観察・実験は、おおよそ次の２つの意味・意義に大別できると考える。

1　観察・実験は自分の考えである予想・仮説を事象で表現する活動である。つまり、観察・実験は自己の考えを事象で表現する活動である。
2　観察・実験は自分の考えを他者に納得させるための演示である。

ここで、上述の観察・実験が成り立つ条件について考える。

●観察・実験が成り立つ条件

子どもが観察・実験を行うためには、以下のような３つの条件が前提となっている。

①一人ひとりが自然の事象に関して問題を見いだし、問題となる事象に対して説明できる予想・仮説を発想し、もつことが観察・実験が成り立つための前提条件である。つまり、観察・実験を行う場合は、子どもが事象を説明できる予想・仮説を自分の考えとしてもつことが必要となる。

自分の考えである予想・仮説は、次の形式で表記できる。
「○○○の条件を満たせば、◎◎◎という現象が生じる」
したがって、予想・仮説をこのような形式で表示できるようにしておくことも重要な条件になるといえる。

②子どもが自分の考えである予想・仮説が事象の世界で実際に起こるか否かを検討することが観察・実験である。このために、子どもが観察・実験

方法を計画し立案することが観察・実験が成り立つための前提条件になる。つまり、子どもが自分の考えである予想・仮説を、事象である「もの」に表出する計画を立案できるようにすることが条件となる。

③子どもが計画に基づいて観察・実験を実行することが前提条件となる。つまり、子どもは自分の考えである「○○○の条件を満たせば、◎◎◎という現象が生じる」という予想・仮説において、「○○○という条件」を「事象で具現化した」ので、「◎◎◎という現象」が「生じるだろう」ということを見通しながら観察・実験を行うことが必要になる。

①～③の条件を満足する観察・実験は、予想・仮説を事象で置き換え、その事象が実際に成り立つかどうかを検討することがその基底となっている。

このことは、予想・仮説において、「○○○という条件」、つまり、事象の成立条件を具現化し、予想した事象が実際に起こるか否かを検討しているといえる。このため、観察・実験は、自分の考えを事象で具現化する「もの化」がその基底になっているといえる。

また、観察・実験は、理科の授業では観察・実験活動を伴う子どもの主体的な問題解決過程として展開することが多い。このため、次項で、子どもの主体的な問題解決過程を詳細に検討しよう。

2　主体的な問題解決過程はどのようなものか

子どもの問題解決活動は、一般に、①問題の見いだし、②予想・仮説の設定、③観察・実験方法の立案、④観察・実験方法の実行、⑤観察・実験結果の考察、⑥振り返り、という場面から構成することが多い。第３学年の「A（5）電気の通り道ア（ア）電気を通すつなぎ方と通さないつなぎ方があること」を例にすると、以下のようになる。

(1) 問題の見いだし場面

教師は、子どもが問題を見いだすために、観察する現象について、現象どうしあるいは現象と既有知識との間の違いに気づくようにする。例えば、教師は、回路が子どもに見えないようにした装置を提示する。その提示装置において子どもは豆電球が点灯している事象と豆電球が点灯していない事象を観察し、点灯している、あるいは点灯していない、という両者の事象の違いに気づく。子どもがこのような事象の違いを見いだすことから、「どのようにして豆電球が点灯したり、点灯しなかったりするか」ということを、子どもは問題として捉える。

(2) 予想・仮説の設定場面

豆電球が点灯している、点灯していないという現象の違いに気づき、この現象の違いが「どのようにして生じたか」について子どもは考える。具体的には、「豆電球が点灯している、点灯していない」の違いを説明する原因として、例えば、「豆電球が切れている」あるいは「回路が断線している」などを子どもは想起し予想・仮説として発想する。

(3) 観察・実験方法の立案場面

「豆電球が切れている」、「回路が断線している」などの原因のうち、例えば、回路が断線しているという要因を取り上げ、回路の断線が「豆電球の点灯している、点灯していない」という現象に影響するか否かを調べる。このため、子どもは観

察・実験方法を立案する。具体的には、閉じた回路とそうでない回路をつくり、豆電球が点灯するか否かを調べる。

(4) 観察・実験方法の実行場面

子どもは閉じた回路とそうでない回路で観察・実験を実際に行う。具体的には、「回路が断線していなければ豆電球が点灯するだろう」、「回路が断線しているならば豆電球が点灯しないだろう」という仮説を検討するために、豆電球と導線を用いて、回路が断線している場合と断線していない場合で豆電球が点灯するかどうかを調べる。つまり、自分の考えである予想・仮説を自然事象で具現化し、事象で調べる。

(5) 観察・実験結果の考察場面

観察・実験方法を実行し、結果を得る。つまり、「回路が断線しているならば豆電球は点灯せず、回路が断線していなければ豆電球は点灯する」という結果を得る。そして、観察・実験結果について子どもは考察する。考察については、一般的に、以下の２種の場合が想定できる。

1) 予想・仮説と観察・実験結果が一致した場合

観察・実験結果は予想・仮説や観察・実験方法のもとにおいて生じる。そのため、考察は、まず、観察・実験結果を予想・仮説や観察・実験方法と比較することから始まる。本例でいえば、「回路が断線しているならば豆電球は点灯せずに、回路が断線していなければ豆電球は点灯する」という予想・仮説に対して、子どもは次のように考える。

「回路が断線していたので豆電球は点灯しなかった」という観察・実験結果は、「回路が断線しているならば豆電球は点灯しない」という予想・仮説と一致している。このため、「回路が断線すれば豆電球は点灯しないが、回路が断線しなければ豆電球は点灯する」という予想・仮説は妥当と子どもは考える。

2）予想・仮説と観察・実験結果が一致しない場合

予想・仮説と観察・実験結果が一致しない場合は、予想・仮説と観察・実験方法を見直す。つまり、観察・実験結果が予想・仮説と一致しない原因を、予想・仮説あるいは観察・実験方法や観察・実験技能などと関連付けて、予想・仮説や観察・実験方法などについて検討する。

(6) 振り返り

最後に、子どもは今までの問題解決の全ての過程を振り返る。全過程を振り返るため、行ってきた問題解決の全ての過程を見直し、新たな問題を見いだす。そして、子どもが獲得した知識や技能である事象の性質や規則性を、それらを得る手続きとともに獲得する。さらに、これから追究すべき問題を明らかにする。

3　理科はどのような人間性を育むのか

前述の (1) ～ (6) の問題解決過程の分析から、以下に述べる人間性が観察・実験に伴って育むと考えられる。

(1) 自己決定と自己責任

子ども一人ひとりが自然の事象に関して問題を見いだし、問題となる事象に対して説明できる予想・仮説を発想しもつことである。つまり、観察・実験を行う場合は、子どもが事象を説明できる予想・仮説を自分の考えとしてもつことが必要になる。このため、自分の考えである予想・仮説が事象の世界で実際に起こるか否かを検証することが観察・実験である。

したがって、事象を説明できる予想・仮説を自分の考えとしてもち、観察・実験を行うことは、自分で予想・仮説や観察・実験方法を決定することである。そして、自分の考えで観察・実験を行うことは、自己の責任において観察・実験を実行することである。このため、自分の予想・仮説を設定し、観察・実験を実行することは、自己決定と自己責任という人間性が育成されると考える。

(2) 見つめ直し、予想・仮説や観察・実験方法の変更に伴う謙虚さ、考え方の柔軟性

観察・実験結果について考察する場合、1）予想・仮説と実験結果が一致する、と2）予想・仮説と観察・実験結果が一致しないとに分かれる。特に、予想・仮説と観察・実験結果が一致しない場合は、予想・仮説や観察・実験方法、観察・実験技能などと関連付けて、予想・仮説や観察・実験方法などを検討する。この場合、自己の行為の見つめ直しや予想・仮説や観察・実験方法の変更に伴う謙虚さ、考え方の柔軟性が必要となる。

ここでいう考え方の柔軟性は、視点を変換したり、いろいろな側面から考えたりするという多面的思考を意味する。

また、今までの問題解決活動の全ての過程をまとめる (6) の場面では全過程を振り返るため、行ってきた問題解決の全ての過程を見つめ直すことになる。

(3) 理科はどのような人間性を育むのか

今まで述べてきたことから、理科はどのような人間性を育むのかという問いに対して、一つの回答として以下のように整理できる。

1　自己決定と自己責任
2　見つめ直し
3　予想･仮説や観察・実験方法の変更に伴う謙虚さ
4　考え方の柔軟性

(注) 観察と実験の関係

ここで、観察と実験の関係を考えておく（八杉龍一、1979)。実験は条件を制御して事象を観察する活動である。これに対して、観察は条件を制御しな

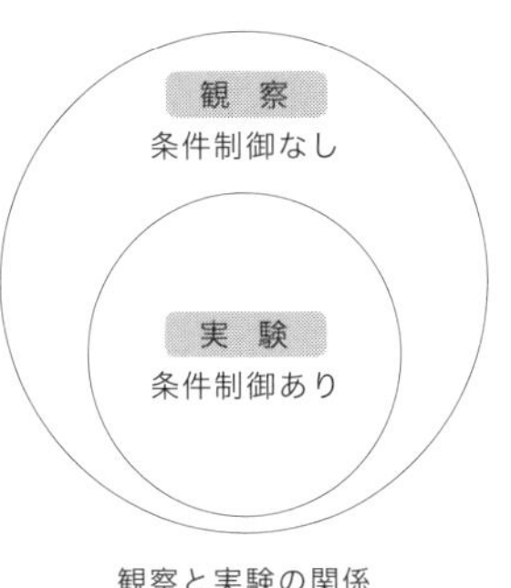

観察と実験の関係

い状態で事象を観察する活動である。したがって、条件制御下における観察が実験であり、条件を制御しない場合が観察である。このように観察と実験には違いがある。ここでは観察と実験を分けずに観察・実験と記す。

文献
(1) 八杉龍一、『科学とは何か』、東京教学社、1979.
(2) 角屋重樹編著、『小学校新理科の考え方と授業展開』、文溪堂、2009.
(3) 角屋重樹編著、『小学校理科 これでバッチリ！観察・実験の指導』、文溪堂、2012.

第6章

理科における問題解決の授業をどのようにつくるのか

1　**理科の授業で子どもに何を身に付けさせるのか**

　(1) 理科の基礎的な知識及び技能の習得

　(2) 科学的な、思考力、判断力、表現力などの能力の育成

2　**理科の学習指導過程をどのように構成していくのか**

　(1) 問題を見いだす場面における工夫

　(2) 予想・仮説や解決方法を発想し、実行する場面における工夫

　(3) 結果を考察する場面における工夫

3　**理科の授業の指導でどのようなことがつまずきやすいのか**

　(1) 話し合い

　(2) 予想・仮説通りにならない観察・実験

　(3) 考察の仕方

1　理科の授業で子どもに何を身に付けさせるのか

第1章「5　学校教育で目指す学力」で述べたように、学校教育では、

①基礎的な知識及び技能の習得

②これらを活用して課題を解決するために必要な思考力、判断力、表現力その他の能力を育むこと、つまり問題解決のために必要な思考力、判断力、表現力などの能力の育成

③主体的に学習に取り組む態度を養うこと、つまり学習意欲の育成

のそれぞれを子どもが身に付けることが大切といえる。

このため、これからの理科教育でも、

①理科の基礎的な知識及び技能の習得

②科学的な、思考力、判断力、表現力等の能力の育成

③学習意欲の育成

を子どもが獲得できるようにすることが必要となる。

(1) 理科の基礎的な知識及び技能の習得

理科の基礎的な知識及び技能は、おおよそ、

①自然事象の性質や規則性
②観察・実験器具の名称やその扱い方
③科学的な用語など

が相当すると考えられる。以下、基礎的な知識及び技能を子どもが習得する方法について考えてみよう。

前述の基礎的な知識及び技能を子どもが習得するためには、繰り返すことが必要となる。この繰り返しについては、子どもが、自分で目標を設定し、その目標を実現する方法を考案し実行し、その結果を設定した目標と比べてどれだけ実現したかを自己評価できるようにすることが大切になる。自己評価のためには、日頃の学習指導において、目標の設定→計画→実行→振り返りという一連の活動を繰り返すことが必要になる。この繰り返しによって、子どもは基礎

的な知識及び技能を獲得できるようになる。

したがって、子どもが自然事象の性質や規則性、観察・実験器具の名称やその扱い方、科学的な用語を習得するためには、子ども自らが何を覚えるかなどの目標を設定し、計画、実行し、活動を振り返ることが必要になる。

(2) 科学的な、思考力、判断力、表現力などの能力の育成

科学的な、思考力、判断力、表現力を子どもに育成するためには、まず、思考力、判断力、表現力のそれぞれを明確にし、それを授業レベルで具現化することが大切になる。以下、科学的な、思考力、判断力、表現力のそれぞれについて述べる。

1) 思考力

思考とは、ある目標の下に、子どもが既有経験をもとにして対象に働きかけ種々の情報を得て、それらを既有の体系と意味付けたり、関係付けたりして、新しい意味の体系を創りだしていくことであると考えられる。つまり、子ども自らが既有経験をもとに対象に働きかけ、新たな意味の体系を構築していくことが思考といえる。ここでいう意味の体系とは、対象に働きかける方法とその結果得られた概念やイメージなどをいう。

したがって、思考力を育成するためには、子どもが対象に関して自分で目標を設定し、既有の体系と意味付けたり、関係付けたりして、新しい意味の体系を構築していくという「すべ」が必要になる。思考力の育成のための意味付け、関係付けには、違いに気づいたり、比較したり、観察している現象と既有知識を関係付ける等の「すべ」が必要となる。そこで、子どもの思考力を育成するためには、日常の学習指導において、①違いに気づいたり、分類したり、比較したりする、②観察している対象と既有知識を関係付ける「すべ」を獲得できるような工夫が大切になる。

ここで、比べる力と関係付ける力のそれぞれを理科の授業である問題解決過程に位置付けてみよう。

①違いの気づきや分類、比較としての科学的思考

問題解決場面において比べる力としての思考力を育成するためには、まず、子

どもが直面している文章や映像、図表、現象等について、現象どうし、あるいは現象と既有の知識との間に違いを見いだすことが必要になる。例えば、枯れた植物と枯れていない植物を観察するという自然現象を例にすると、両者の違いに気づくことである。このような違いを見いだすことから、子どもは現象の違いがどのような原因（要因）によって生じたのかを考えるようになる。

ところで、現象の違いに気づくためには、比較の基準が必要で、その基準となるものと現象とを比べる力が大切になる。また、比較するという場合、日常の言語で「何と何を」比べているのかが不明確なことが多い。このため、子どもが比較する場面では、「何と何を」比べているのかを教師は明確になるように指導することが大切になる。

比べる基準（視点）：色・形・大きさ・位置など

②関係付けとしての科学的思考

問題解決場面において関係付ける力としての思考力を育成するためには、子どもが、生起している現象と既有の知識とを関係付け、その現象が生じる原因（要因）を考え出すことが必要になる。したがって、問題解決のための予想・仮説の発想場面では、子どもが現象と既有の知識を関係付け、現象が生じる原因（要因）を発想できるようにすることが必要といえる。

なお、問題解決のための予想・仮説を発想する場面では、教師は、「なぜ」という問いを用いることが多い。予想・仮説を発想する力の育成のためには、「なぜ」という問いよりも、「何が」「どのように」という問いの方が有効な場合がある。

今まで述べてきた、違い、分類、比較、関係付けとしての思考の「すべ」を整理すると、以下のものが列挙できる。

・比較　　　：「何」と「何」を、どういう「視点」で比較
・分類　　　：どういう「視点」で分類
・違い　　　：どういう「視点」で違うか
・関係付け　：「何」と「何」を、どのような「関係」で関係付けるか

③論理的思考

また、思考として重要な意味をもつ論理的思考がある。論理的思考の最も単純な形式は、「自分の考えや判断」と「根拠」との関係から成り立つ。この関係を理科で具体化させると、「予想・仮説など自分の考え」に対して「観察・実験事実など」が「根拠」となる。

したがって、論理的思考の「すべ」は次のように整理できる。

1　予想や仮説などの自分の考え
2　その根拠となる観察・実験事実
1と2の関係を言う。

2) 判断力

判断とは、子どもが目標に照らして獲得したいろいろな情報について重みを付けたり、あるいは、価値を付けたりすることである。

したがって、子どもに判断力を育成するためには、子ども自身が自分で目標を設定し、設定した目標に対して種々の情報を対応させ関係付け、

種々の情報から適切な情報を選択するという「すべ」を獲得できるようにする。

以上のことから、判断の「すべ」として、以下のものが列挙できる。

1 「何のために」という目的の意識化
2 目的を考えて入手した情報の整理
3 目的と整合する妥当な情報の選択

3) 表現力

表現は、対象に働きかけて得られた情報を目的に合わせて的確に表すことであるといえる。教科等の表現活動は、予想・仮説のもとに実行結果を得るための活動と得られた実行結果を目的に対して的確に表出する活動から成立する。

したがって、表現力の育成は、子どもがまず、観察・実験を実行し、結果を得て、次にその実行結果を目的のもとに的確に整理する力を育成することが大切になる。

ここで、観察・実験を実行し、結果を得て、次にその実行結果を目的のもとに的確に整理する力を問題解決活動に位置付けて考えると、以下のようになる。まず、言語や図表で表示した予想・仮説と解決方法の実行結果を比べるようにする。次に、このような比較により、子どもは予想・仮説や解決方法を評価でき、評価したことを目的と照らし合わせて適切に表出できるようにする。

以上のことから、表現の「すべ」として、以下のものが列挙できる。

①目的をもって表現すべき内容を獲得
②目的に整合させ、内容を的確に表出

2　理科の学習指導過程をどのように構成していくのか

「1　理科の授業で子どもに何を身に付けさせるのか」で述べたように、理科教育では、基礎的な知識及び技能の習得と思考力・判断力・表現力などの能力を育てる学習指導過程が大切になる。この過程は、子どもが問題を見いだし、解決方法を発想し、実行し、考察したりする予想や仮説検証の活動から成り立つ。子どもが主体的となる予想や仮説検証の活動は、問題の見いだしや予想・仮説や解決方法の発想とその実行、結果の考察という場面に大別できる。

各場面においては、次のような工夫が必要となる。

(1) 問題を見いだす場面における工夫

子どもが観察している現象どうし、あるいは、その現象と既知の知識の間に「ズレ」を発生させる。具体的には、子どもが比較や分類などの「すべ」を適用し観察している現象どうし、あるいは、その現象と既知の知識との間に違いを見いださせるようにする。

(2) 予想・仮説や解決方法を発想し、実行する場面における工夫

子どもの既有知識を適用し、予想・仮説や解決方法を発想する。具体的には、子どもが予想・仮説を発想するために、既有の知識・技能の中から類似などの「すべ」を適用し、予想・仮説や解決方法を発想するようにする。

(3) 結果を考察する場面における工夫

子どもが予想・仮説と方法について評価する。具体的には、子どもが予想・仮説と実験結果の関係から、両者が一致あるいは不一致を判断する。また、実験結果が予想・仮説と違った場合は、予想・仮説と実験方法を再考し、その原因を探るようにする。さらに、子どもが解決方法を見直す場面では実験方法の適用限界を考えるようにする。

今まで述べてきた予想や仮説検証の過程は、おおよそ、以下の6つの場面から構成することが多い。

①問題を見いだし
②その問題となる事象を説明するための予想・仮説を発想し
③発想した予想・仮説の真偽を確かめるための観察・実験方法を立案し
④観察・実験を行い
⑤観察・実験結果について考察し
⑥獲得すべき事象の性質や規則性を明確にするとともに、新たな問題を見いだす活動

である。

第５学年「振り子の運動」の単元を例として、①〜⑥の各場面における教師の手立てのモデルを述べる。この例では、理想的な教師の働きかけ（OK と記す）と、よくある教師の働きかけ（NG と記す）とを対比して示す。また、このモデルにおいて、教師の手立てをＴ、想定される子どもの反応をＳとしてそれぞれを示す。

糸の長さやおもりの重さ、振れが異なる２つの振り子の運動において、両者の振り子の動きを観察させることから、問題を見いだすようにする。

○振れが速い振り子と振れが遅い振り子の動きを子どもに観察させる

NG　Ｔ：「どのように思うの？」

OK　Ｔ：「何がどのように違うの？」

Ｓ：①「遅い方は糸が長く、おもりが重い」
②「速い方は糸が短く、おもりが軽い」

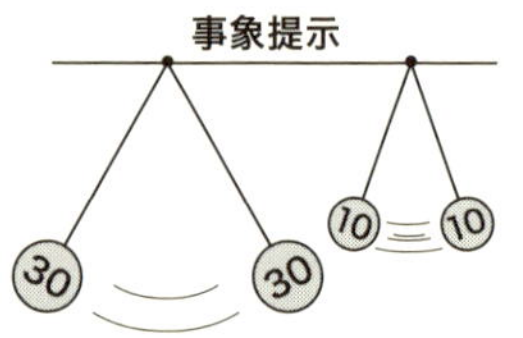

振れの速さが異なる振り子

したがって、子どもが問題を見いだすには、事象の中から違いを見いだすことができるようにする。……授業構成の視点①

○振れの速さの違いを生む要因を考える

NG　Ｔ：「なぜこのようになるの？」

OK　Ｔ：「何がそのような違いを生じさせているの？」

Ｓ：「２つの振り子を比べると、糸の長さが異なっている。だから、糸

の長さが振れの速さに関係すると思います。」

S：「２つの振り子を比べると、おもりの重さが異なっている。だから、おもりの重さが振れの速さに関係すると思います。」

S：「２つの振り子を比べると、振れ幅が異なっている。だから、振れ幅が振れの速さに関係すると思います。」

S：「以上のことから、振れの速さが異なる原因は、糸の長さ、おもりの重さ、振れ幅に関係すると整理できます。」

したがって、子どもが問題となる事象を説明するための予想・仮説を発想するには、現象の中から異なる要因を見いだしたり、教師が既有の学習経験を想起させたりして、類似関係などを適用できるようにする。……授業構成の視点②

○発想した予想・仮説をもとに、振り子の実験の計画を考える

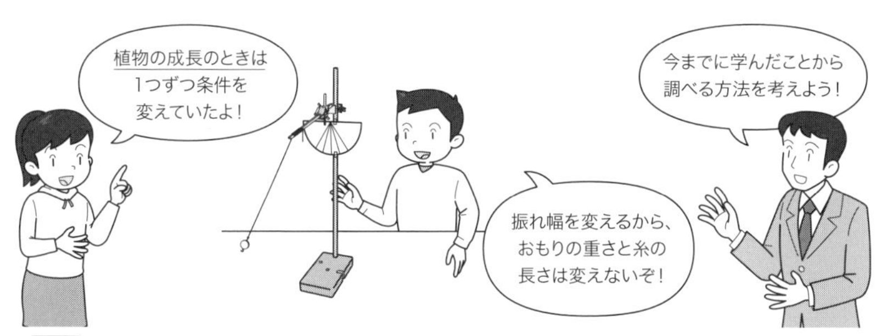

NG　T：「実験方法を考えてみよう。」

OK　T：「今までに学んだことを用いて調べる方法はないかな？」

S：「植物の成長の条件を調べるときに、調べる条件だけに注目し、それ以外の条件をそろえて比較する実験を行いました。」

S：「何が振れの速さに関係するかを調べるためには、３つの条件のうち、１つの条件に注目して、その他の２つの条件を制御すればよいと思います。」

○発想した実験計画ならば、どのような実験結果が得られるか予想する

OK　T：「どのような結果が予想されるかな？」

S：「糸の長さについて調べる場合、
糸の長さが長い→振れが遅い
糸の長さが短い→振れが速い
と表せると思います。」

OK　T：「実験をしてみよう。」

したがって、子どもが解決方法を発想するには、既有の知識に類推などを適用して発想できるようにする。……授業構成の視点③

○実験結果を整理し、予想・仮説と対比させて実験結果を評価する

NG　T：「どのような結果が得られたかな？　得られた結果を表してみよう。」

OK　T：「予想した結果と対比できるよう、条件と結果の関係で整理して表してみよう。」

S：「糸の長さが長い→振れが遅い
糸の長さが短い→振れが速い」

糸の長さ

長い	振れが遅い
短い	振れが速い

条件 ― 結果

NG　T：「何が分かったの？」

OK　T：「どのような結果になりましたか？」

S：「糸の長さが長い→振れが遅い
糸の長さが短い→振れが速い
となりました。」

このような表にまとめると
条件と結果の関係が
見やすいです。
細かな数値にも
惑わされなくなります。

NG　T：「何がいえるの？」

OK　T：「実験結果と予想・仮説を比較すると、どのようなことがいえるの？」

S：「糸の長さを長くすると振れは遅くなり、糸の長さを短くすると振れは速くなりました。この結果は、糸の長さが振れの速さに関係するという予想・仮説と一致しています。」

S：「だから、糸の長さが振れの速さに関係すると思います。」

T：「おもりの重さの影響を調べた実験結果はどのようなことがいえるの？」

S：「おもりの重さは振れの速さに関係しませんでした。だから、『おもりの重さは振れの速さに関係ない』といえます。」

したがって、子どもに実験結果について考察させるには、予想・仮説と実験結果を一致、不一致という視点で判断できるようにする。……授業構成の視点④

○目的に応じて結論をまとめる

NG　T：「何が分かったの？」

OK　T：「今日の学習から、何が解決できて、何が解決できていないのかな？」

S：「今回は『糸の長さだけがおもりの振れの速さに関係する』ことが分かりました。」

S：「今回の実験は２種類の糸の長さを変えて振れの速さを調べたので、おもりの重さや振れ幅を変えて振れの速さを調べる必要があると思います。」

したがって、子どもが行ってきた問題解決過程を見直し、新たな問題を見いだすようにするには、得た知識や技能である事象の性質や規則性を、それらを得る手続きとともに、これから追究する問題を明確にできるようにする。……授業構成の視点⑤

今まで述べてきたことから、授業構成の視点は、以下の５点で整理できる。

授業構成の視点

①子どもが問題を見いだすには、事象の中から違いを見いだすことができるようにする。

②子どもが問題となる事象を説明するための予想・仮説を発想するには、現象の中から異なる要因を見いだしたり、既有の学習経験を想起させたりして、類似関係などを適用できるようにする。

③子どもが解決方法を発想するには、既有の知識に類推などを適用して発想できるようにする。
④子どもに実験結果について考察させるには、予想・仮説と実験結果を一致、不一致という視点で判断できるようにする。
⑤子どもが行ってきた問題解決過程を見直し、新たな問題を見いだすようにするには、得た知識や技能である事象の性質や規則性を、それらを得る手続きとともに、これから追究する問題を明確にできるようにする。

3　理科の授業の指導でどのようなことがつまずきやすいのか

理科の授業の指導でどのようなことがつまずきやすいのかについて、(1) 話し合い、(2) 予想・仮説通りにならない観察・実験、(3) 考察の仕方に大別して、以下に述べる。

(1) 話し合い

子どもに話し合いをさせる場合、教師は話し合わせ方の視点を提供することが大切になる。また、理科における話し合いは、①予想・仮説設定の場面や②実験結果の考察場面が多い。このため、これらの各場面における話し合いの視点を述べる。また、子どもに話し合いをさせる場合、その前提が必要になる。そこで、この話し合いの前提について述べる。

1) 予想・仮説設定の場面における話し合い

予想・仮説を設定する場面における話し合いは、自分が発想した予想・仮説と他者の予想・仮説との違い、つまり、予想・仮説における実験する条件と予想される結果において違いがあるか否かという視点で話し合うことになる。特に、実験する条件の違いについて話し合うことになる。

ところで、予想・仮説が予想・仮説たる条件は、次の３点である。

①問題となっている事象を説明するもの
②根拠があるもの
③実証可能なもの、つまり、観察・実験できるもの

2) 考察場面における話し合い

考察とは、予想・仮説と実験結果が一致しているか否かを検討することである。このため、考察する場面における話し合いは、予想・仮説と実験結果が一致しているか否かという視点で行うものである。予想・仮説と実験結果が不一致の場合は、予想・仮説や実験方法について話し合い、その話し合いから新たな予想・仮説を発想することになる。

3) 話し合いのための前提

話し合いが成立するためには、まず、互いに異なった考え方である予想・仮説や実験方法などを認め合い、他者とかかわりながら、科学的により妥当な知を構築していくことが必要になる。また、このような学習指導過程は、互いに、自分の見通しを確認したり修正したりして、絶えず、他者とかかわりながら、他者と共に科学的により妥当な知を構築していく過程となる。

互いに異なった考え方を認め合い、統合し、科学的に妥当な知を構築する学習指導過程を成立させるためには、以下のようなことが教師の留意点として考えられる。

①一人ひとりの異なる予想・仮説を大切にし、それぞれの予想・仮説の違いが条件の違いであることに気づくようにする。
②他者と共に、観察・実験結果を互いに検討し合い、その結果が条件の違いによって生起することに気づくようにする。
③一人ひとりが設定した予想・仮説や観察・実験方法をその結果によって、柔軟かつ謙虚に修正していくようにする。

(2) 予想・仮説通りにならない観察・実験

結果が予想・仮説通りにならない観察・実験は、次の２種に大別できる。
①観察・実験の準備不足によるもの

②予想が妥当でないもの

したがって、教師は、予想・仮説通りにならない観察・実験の場合、①と②の場合を想定しておくことが大切である。

(3) 考察の仕方

考察とは、予想・仮説と実験結果が一致しているか否かを検討することである。このため、この場面における話し合いは、予想・仮説と実験結果が一致しているか否かという視点で行うようにする。また、同一の結果でも他者の異なった実験方法や予想・仮説を認め合うことも大切なことである。

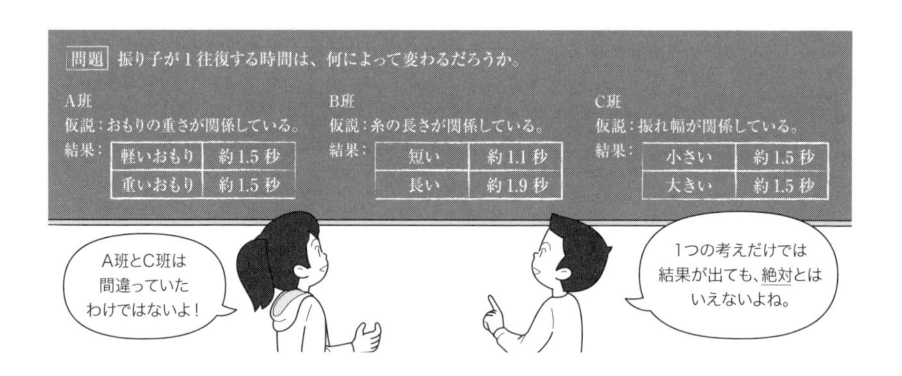

文献
(1) Lawson, A. E. " The nature of advanced reasoning and science instruction ", J. Res.Sci. Teach. , Vil.19, No. 9, pp.743-760. 1982.
(2) Lawson, A. E. " A review of research on formal reasoning and science teaching ", J. Res. Sci. Teach. , Vil.22, No. 7, pp.569-617. 1985.
(3) 角屋重樹編著、『小学校 新理科の考え方と授業展開』、文溪堂、2009.
(4) 広島市教育委員会、『言語活動実践ガイドー思考力・判断力・表現力を高める「ひろしま型カリキュラム」ー』、ぎょうせい、2011.

○第４学年　領域「B生命・地球」の「(3) 雨水の行方と地面の様子」の事例

新学習指導要領で新設された第４学年「(3) 雨水の行方と地面の様子」の内容において、川崎市立東菅小学校で開発的に行った事例を、導入の第１、２時間を例に、以下に紹介する。なお、本単元の学習指導過程は葉倉朋子校長、実践者は村田かほる総括教諭のそれぞれの発案によるものである。

新学習指導要領における学習の内容は、以下のものである。

ア　次のことを理解するとともに、観察、実験などに関する技能を身に付けること。

(ア)　水は、高い場所から低い場所へと流れて集まること。

(イ)　水のしみ込み方は、土の粒の大きさによって違いがあること。

イ　雨水の行方と地面の様子について追究する中で、既習の内容や生活経験を基に、雨水の流れ方やしみ込み方と地面の傾きや土の粒の大きさとの関係について、根拠のある予想や仮説を発想し、表現すること。

授業計画　全5時間（1、2時間目のみ記載）

時	学習の流れ・子どもの活動	指導の留意点やねらい
1	○校庭と砂場の雨上がり（水たまり）の写真を見る 2つのものを比べて、気づいたことを話し合う	○雨上がりの校庭と砂場の写真を用意する。 比較 校庭の様子（水たまり）と砂場の様子の比較 話型 「～は、～よりも～だ。」「～は、～と違って～。」 比較 校庭の土（湿り気のないもの）と砂場の砂を比較 ○２種類の土を比較することで、

	○水たまりの有無というしみ込み方には何が関係しているのかを話し合う ・土と砂の種類が違う、土の色が違う、土の硬さが違う。 ○砂場の砂と校庭の土の様子を観察する ・水のしみ込み方は、粒の大きさが関係しているようだ。 ・「しみ込み方は、粒の大きさが関係しているだろうか」ということを学習問題とする。 ○予想する ・関係している。 校庭と砂場では、水たまりのでき方が違うから。 粒が大きいとすき間から、すぐに水が出ていきそうだから。 ・関係していない。 粒が大きいと、水はせき止められるのでしみ込まない。	粒の大きさに意識をむけ、子どもたちから学習課題を引き出す。 土と砂の粒の大きさの違い 比較・関係付け 土の粒は小さいが、砂の粒は大きいという「粒の大きさ」と、水のしみ込みにくい、しみ込みやすいという「水のしみ込み方」を関係付ける。
2	○実験方法を考える ・ペットボトルに土や砂を入れて、上から水を落とす。 ・同じ量の土と砂（100mL）と同じ	○準備するもの ・半分にして逆さに重ねたペットボトル2つ ・同じ量の土と砂（100mL）

	量の水（100mL）を同時に入れる。	・同じ量の水（100mL）
		○ペットボトルを半分にして、上の部分を逆さに重ね、土や砂を入れる。
	<視点>水の落ち方	○水の量・土の量を一定にして、条件を制御する。
	○実験をする	比較 土（水のしみ込み方）と砂（水のしみ込み方）を比べる。
	○結果をまとめる	話型 ～より～の方が～。 比較・関係付け 水のしみ込み方と、粒が小さい土と粒が大きい砂を関係付ける。
	○考察をする しみ込み方は、粒の大きさが関係している。粒が小さい土は、水がなかなかしみ込まず、粒の大きい砂は、水がすぐにしみ込む。	○雨が降った後の校庭の写真・ビデオを用意する。<砂場と校庭の写真2枚>
		思考の基盤 しみ込みやすい⇒粒が大きいことから砂場の砂は水たまりができない。 しみ込みにくい⇒粒が小さいことから校庭の土は水たまりができる。
	<振り返り>	

第7章

理科の学力をどのように評価するのか

1　何のためにに評価するのか

(1) 子どもの変容の促進

(2) 学習指導の改善

2　何を評価するのか

3　どのようにして観点別に評価するのか

4　基礎的な知識・技能をどのように評価するのか

5　思考力、判断力、表現力をどのように評価するのか

(1) 思考

(2) 判断

(3) 表現

(4) 思考、判断、表現の評価

6　学習意欲をどのように評価するのか

(1) 主体的な学習のための要因

(2) 主体的に学習するための学級あるいは学校風土

(3) 主体的に学習するための問題解決活動

学力をどのように評価するのかについて考える場合、次のことが大切になる。まず何のために評価するのかという評価の目的、次に何を評価するのかという評価の目標、そしてどのように評価するのかという評価の方法を明らかにすることが大切になる。このため、本章では、

1　何のために評価するのか
2　何を評価するのか
3　どのように評価するのか

という項を設定し、この順に述べる。

1　何のために評価するのか

理科の評価の目的は、いろいろなものが考えられる。本項では、子どもの変容の促進と、学習指導の改善とに大別して述べる。

(1) 子どもの変容の促進

子どもの変容を促進するための評価は、以下に述べる２つの段階が考えられる。

①子どもの変容を的確に捉える。このため、まず、教師は設定した単元や学習指導過程における目標を明確にする。次に、その目標を学習指導過程に位置付け、子どもの実態を捉えることになる。

②捉えた子どもの変容の実態をもとに、子どもが絶えず新しい目標を設定していくようにすることになる。

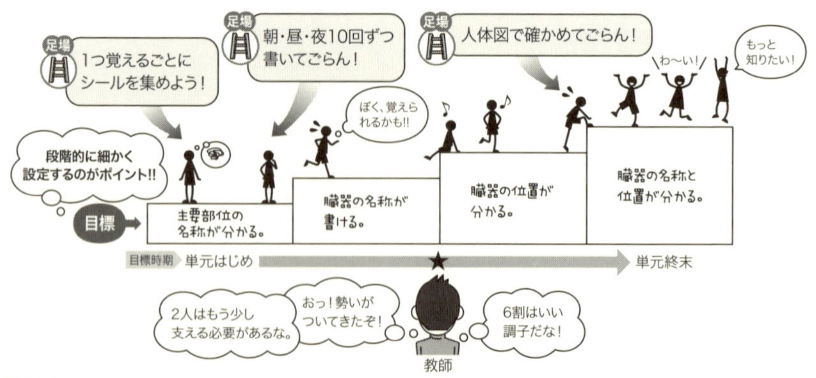

(2) 学習指導の改善

学習指導の改善のための評価は、教師が設定した目標のもとに子どもの実態を把握する。次に、把握した子どもの実態に関する結果をもとに、教師の働きかけ方や教材のあり方などを改善することになる。

2　何を評価するのか

理科における評価の目標は、第１章5節で述べたように、

①基礎的な知識及び技能の習得

②これらを活用して課題を解決するために必要な思考力、判断力、表現力その他の能力を育むこと、つまり問題解決のために必要な思考力、判断力、表現力等の能力の育成

③主体的に学習に取り組む態度を養うこと、つまり学習意欲の育成

のそれぞれが求められている。

このため、理科の評価では、

> ①理科の基礎的な知識及び技能の習得
> ②科学的な、思考力、判断力、表現力等の能力の育成
> ③学習意欲の育成

が大切になる。

3　どのようにして観点別に評価するのか

観点別の評価の考え方については、平成31年1月21日教育課程部会「児童生徒の学習評価の在り方について（報告）」（pp.7～10）によると、以下のようになる。

①「知識・技能」の評価の考え方

「知識・技能」の評価は、各教科等における学習の過程を通した知識及び技能の習得状況について評価を行うとともに、それらを既有の知識及び技能と関連付けたり活用したりする中で、他の学習や生活の場面でも活用できる程度に概念等を理解したり、技能を習得したりしているかについて評価する。

②「思考・判断・表現」の評価の考え方

「思考・判断・表現」の評価は、各教科等の知識及び技能を活用して課題を解決する等のために必要な思考力、判断力、表現力等を身に付けているかどうかを評価する。

③「主体的に学習に取り組む態度」の評価の考え方

「主体的に学習に取り組む態度」の評価に際しては、単に継続的な行動や積極的な発言等を行うなど、性格や行動面の傾向を評価するということではなく、各教科等の「主体的に学習に取り組む態度」に係る評価の観点の趣旨に照らして、知識及び技能を獲得したり、思考力、判断力、表現力等を身に付けたりするために、自らの学習状況を把握し、学習の進め方について試行錯誤するなど自らの学習を調整しながら、学ぼうとしているかどうかという意思的な側面を評価することが重要である。

本観点に基づく評価としては、「主体的に学習に取り組む態度」に係る各教科等の評価の観点の趣旨に照らし、

①知識及び技能を獲得したり、思考力、判断力、表現力等を身に付けたりすることに向けた粘り強い取組を行おうとする側面

② ①の粘り強い取組を行う中で、自らの学習を調整しようとする側面

という2つの側面から評価することが求められる。

4　基礎的な知識・技能をどのように評価するのか

「基礎的な知識及び技能」は、例えば、①漢字の読み書きなどや②四則演算などである。

①、②のような基礎的な知識や技能の獲得について考える。①や②の基礎的な知識や技能を獲得するためには、知識や技能を繰り返して覚えることが必要となる。しかし、知識や技能を繰り返して覚えるだけでは単なる操作になって、飽きる。

そこで、この繰り返しについては、次のような工夫が必要と考えられる。その工夫とは、学習者が自分で目標を設定し、その目標を実現する方法を考案、実行し、その実行結果を設定した目標と比べてどれだけ実現したかを振り返り、自己評価できるようにすることである。

自分で目標を設定し、実現する方法を考案、実行するという活動は、例えば、「漢字を覚える」ことを例にすると、次のように考えることができる。まず、漢字を１つ覚えるという目標を学習者が自分で設定する。この１つの漢字を覚えるために、朝、昼、夕方、寝る前、翌朝に漢字を何回も書いて覚える。このような、朝、昼、夕方、寝る前、翌朝に、漢字を書いて覚えることから、生活が規則的になる。また、「１つ漢字を覚えることができた」ということから、「自分はやればできる」という「自信」と「有能感」を学習者は獲得する。そして、毎日、覚える漢字を１つずつ増やすことを習慣化すれば、覚える漢字の数は次第に増えていく。このような、目標の設定→計画の立案→実行→実行結果の振り返り、という一連の活動を繰り返すことによって、学習者は知識や技能を獲得できるようになると考えられる。

5　思考力、判断力、表現力をどのように評価するのか

思考、判断、表現そのものを評価するには、まず、自然の事物や現象を対象にした問題解決過程における思考や判断、表現のそれぞれを明確にする。次に、

明確にした思考や判断、表現をもとに、それぞれの評価を考えることになる。

「思考・判断・表現」を評価するには、次のことを明確にする必要がある。

(1) 思考

思考とは、ある目標の下に、子どもが既有経験をもとにして対象に働きかけ種々の情報を得て、それらを既有の体系と意味付けたり、関係付けたりして、新しい意味の体系を創りだしていくことと考える。つまり、子ども自らが既有経験をもとに対象に働きかけ、新たな意味の体系を構築していくことが思考といえる。ここでいう意味の体系とは、対象に働きかける方法とその結果得られた概念やイメージなどをいう。

したがって、思考力を育成するには、子どもが対象に関して自分で目標を設定し、既有の体系と意味付けたり、関係付けたりして、新しい意味の体系を構築していくという「すべ」が必要になる。自然事象を対象とした思考力育成のための意味付け、関係付けには、違いに気づいたり、比較したり、観察している現象と既有知識を関係付けたりする等の「すべ」がある。

理科における思考力を子どもに育成するためには、日常の理科学習指導において、①違いに気づいたり、比較したりする、②観察している対象と既有知識を関係付けるなどの「すべ」を獲得できるようにすることが大切になる。ここで、①、②のそれぞれについて理科の授業である問題解決過程で具体化する。

1) 違いに気づいたり、比較したりする「すべ」

問題解決過程において、違いに気づいたり、比較したりするという思考は、まず、子どもが直面している文章や映像、図表、現象等について、現象どうし、あるいは現象と既有の知識との間に違いを見いだすことから始まる。例えば、月の観察を例にすると、上弦の月と満月というような月の形の違いに気づくことである。このような形の違いを見いだすことから、子どもは月の形の違いがどのようにして（どのような原因によって）生じたかを考えるようになる。

ところで、現象の違いに気づくためには、比較の基準が必要で、その基準となるものをもとに現象を比べることが大切になる。また、比較するという場合、「何と何を」比べているのかが不明確なことが多い。このため、子どもが比較する場面では、「何と何を」比べているかを教師は明確にする指導も大切になる。

上述してきたことから評価の目標を考えると、次のように整理できる。

違いの見いだしや比較に関する評価
①色、形、においなどの視点をもって事象を観察しているか否か。
②観察している映像や図表、現象等に関して、事象どうし、あるいは現象と既有の知識との間に違いを見いだしているか否か。

2) 関係付ける「すべ」

問題解決過程において関係付けるためには、子どもが生起している現象と既有の知識とを関係付け、その現象が生じる原因（要因）を発想することが必要になる。具体的には、問題解決過程の予想・仮説を発想する場面において、子どもが現象と既有の知識を関係付け、現象が生じる原因（要因）を類推できるようにすることである。

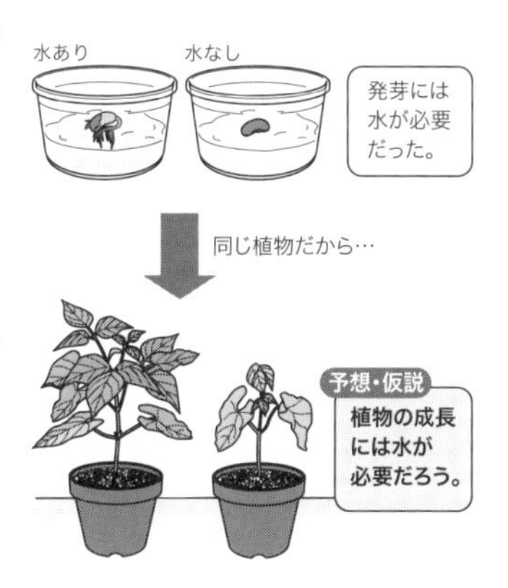

上述したことから評価の目標を考えると、次のように整理できる。

関係付けの評価
①生起している現象と既有の知識とを関係付けているか否か。
②事象が生じる原因（要因）について既有の知識を類推などの操作を適用することにより発想しているか否か。

(2) 判断

判断とは、子どもが目標に照らして獲得したいろいろな情報について重みを付けたり、あるいは、価値を付けたりすることである。

したがって、理科の学習指導において子どもに判断力を育成するためには、自分で予想・仮説を設定し、設定した予想・仮説と、観察・実験方法や観察・実験結果で得た情報を対応させ関係付け、適切な観察・実験結果に関する情報を選択するという、予想・仮説をもとにした情報の対応付けと選択という「すべ」を獲得できるようにすることが大切になる。

上述したことから評価の目標を考えると、次のように整理できる。

判断の評価

①問題や予想・仮説を設定しているか否か。

②設定した予想・仮説と、観察・実験方法や観察・実験結果で得た情報を対応させ関係付けているか否か。

③適切な観察・実験結果に関する情報を選択しているか否か。

(3) 表現

表現は、対象に働きかけて得た情報を目的に合わせて的確に表すことであるといえる。表現活動は、予想・仮説のもとに実行結果を得るための活動と、得られた実行結果を目的に対して的確に表出する活動から成立する。

したがって、理科の学習指導における表現力は、子どもがまず、観察・実験を実行し、結果を得て、その結果を目的や予想・仮説のもとに的確に整理する力を育成することが大切になる。

観察・実験を実行し、結果を得て、その実行結果を目的や予想・仮説のもとに的確に整理する力は、問題解決活動では次のように具体化できる。まず、言語や図表などで表示した予想・仮説や解決方法を実行結果と比べるようにする。次に、このような比較により、子どもは予想・仮説や解決方法を評価し、評価したことを目的と照らし適切に表現できるようにする。

上述したことから評価の目標を考えると、次のように整理できる。

表現の評価
①観察・実験を実行し、結果を得ているか否か。
②観察・実験の実行結果を、目的や予想・仮説に対応させ的確に整理しているか否か。

(4) 思考、判断、表現の評価

今まで述べてきたことから、思考、判断、表現に関する具体的な評価の視点は、以下のように整理できる。

思考、判断、表現の評価
①色、形、においなどの視点をもって事物や現象を観察しているか否か。
②観察している映像や図表、現象等について、事象どうし、あるいは現象と既有の知識との間に違いを見いだしているか否か。
③生起している現象と既有の知識とを関係付けているか否か。
④事象が生じる原因（要因）について既有の知識を類推などの操作を適用することにより発想しているか否か。
⑤問題や予想・仮説を設定しているか否か。
⑥設定した予想・仮説と、観察・実験方法や観察・実験結果で得た情報を対応させ関係付けているか否か。
⑦適切な観察・実験結果に関する情報を選択しているか否か。
⑧観察・実験を実行し、結果を得ているか否か。
⑨観察・実験の実行結果を、目的や予想・仮説に対応させ的確に整理しているか否か。

6　学習意欲をどのように評価するのか

「主体的に学習に取り組む態度」について考えるために、まず、主体的に学習する子どもとそうでない子どもを比べることから、主体的な学習のための要因を明らかにする。次に、主体的に学習するための学級あるいは学校の風土環境について考える。さらに、主体的な学習するための問題解決活動について考えることにする。

(1) 主体的な学習のための要因

主体的な学習のための要因は、次のように考えられる。主体的な子どもと主体的でない子どもとを比べると、両者には次のような２つの違いを見いだすことができる。

主体的な子どもは、何をすべきかということが明確になっている。また、主体的な子どもは、どのようにすべきかということが明確になっている。つまり、主体的な子どもは、実現すべき目標あるいは解決すべき問題が何かということが明確になっているといえる。さらに、主体的な子どもは、目標を実現する方法あるいは問題を解決する方法が明確になっているといえる。

「主体的に学習に取り組む態度」を獲得するためには、人とかかわることから、「何を」、「どのように」するかという、自らが解決活動を行う問題（目標）と解決方法（実現方法）を獲得することが一つの方法として考えられる。そこで、他者とかかわることから、問題（行動目標）と解決方法（実現方法）を獲得する活動について考える。

子どもが他者とのかかわりにより、「何を」と「どのように」を獲得するためには、同年齢どうしあるいはエキスパートなどの異年齢とかかわる場面の設定が大切であるといえる。以後、同年齢どうしとエキスパートなどの異年齢を含んだ意味で、他者と記す。

子どもが他者とのかかわり、他者の「何を」と「どのように」に気づくためには、まず、学習指導で個を生かし、子どもどうしが互いにかかわるようにする必要がある。このようなかかわりから、子どもは今までの自分にない視点から「何を」と「どのように」を獲得するようになると考えられる。

また、エキスパートなどの異年齢とのかかわりから、子どもは、他者の生き方やあり方を観察し、真似ることから、自己の生きる目的や目標を獲得していくようになる。そして、子どもは「何を」と「どのように」を獲得するようになると考えられる。

(2) 主体的に学習するための学級あるいは学校風土

同年齢どうしあるいはエキスパートなどの異年齢という他者とのかかわりの中から、主体的な学習を行うためには、次のような工夫が考えられる。

①一人ひとりを生かす学習の充実。

②他者とかかわる場面を積極的に設定。

③いいものを真似て学ぶという姿に価値をおく学級あるいは学校風土を構築する工夫。

(3) 主体的に学習するための問題解決活動

今まで述べてきたことから、主体的な子どもを育てるためには、「何を」、「どのように」を捉えるようにすることが必要となる。問題解決過程においては、問題の見いだし、見通しの発想、実行方法の立案、結果の考察、新たな問題の見いだし、という力を育成することが必要になる。そのための手立ては、次のように整理できる。

①子どもが問題を見いだすため、事象の中から違いを見いだすことができるようにすること。

②次に、子どもが事象を説明できる見通しやそれを検討する方法を発想するために、既習の学習事項を想起できるようにすること。

③そして、子どもが見通しの真偽を検討するために、見通しや方法と結果の関係から見通しや方法を評価できるようにすること。

④さらに、子どもが次々と新たな問題を見いだし、連続的に問題を解決できるようにするため、まず、得た知識や技能とそれらを得る手続きを確認し、次に追究する問題を明確にすること。

文献
(1) 角屋重樹監修・著、『小学校 理科の単元展開と評価』、文溪堂、2004.
(2) 角屋重樹編著、『小学校 新理科の考え方と授業展開』、文溪堂、2009.

第8章

学習指導案をどのように作成するのか

1　何のために学習指導案を作成するのか

2　学習指導案はどのように作成するのか

(1) 単元目標

(2) 単元をどのように構成するのか

3　評価規準をどのように設定するのか

(1) 観点別学習状況の評価

(2)「知識・技能」の評価

(3)「思考・判断・表現」の評価

(4)「主体的に学習に取り組む態度」の評価

4　子どもの言語

(1) 理科の授業で言語に関してどのようなことに留意すればよいか

(2) 理科における言語形式にはどのようなものがあるか

1　何のために学習指導案を作成するのか

指導案を作成する目的は、おおよそ次の４点に整理できる。

①指導案は仮説であり、授業実践を通して仮説を修正しながら指導できるようにするため。

②単元目標や本時のねらいなどを明記して、子どもが獲得する力を明確にするため。

③つまずきを含む子どもの実態を明らかにするため。

④指導過程をより緻密かつ詳細にして子どもの理解を容易なものとするため。

上述の①～④の指導案を作成する目的から、次のようにいえる。

指導案は意図的・計画的に子どもに働きかけ、その成長を促すものである。したがって、指導の目標をもとに、計画を立案、実行し、その結果から指導のあり方を再考し、修正するようになる。このため、指導案の作成、実行過程は次のような手順で表示できる。

①指導案の作成

②指導計画の実行

③指導のあり方を再考し、修正

④新しい指導案を立案

2　学習指導案はどのように作成するのか

まず単元目標を設定し、その目標のもとに、教材を考案する。そして、目標に対する子どもの実態から、指導計画を構成し、本時のねらいや展開を構成する。

以下、その詳細を述べる。

(1) 単元目標

単元目標は、「小学校学習指導要領」のねらいをもとに作成する。第３学年「Ａ物質・エネルギー（５）電気の通り道」を例にすると、次のようなものが考えられる。

（１）子どもが、乾電池と豆電球などのつなぎ方や乾電池につないだ物の様子に着目して、電気を通すときと通さないときのつなぎ方を比較しながら、電気の回路について調べる活動を行い、次のことを理解させる。
(ア) 電気を通すつなぎ方と通さないつなぎ方があること。
(イ) 電気を通す物と通さない物があること。
（２）観察、実験などに関する技能を子どもに獲得させる。
（３）乾電池と豆電球などのつなぎ方と、乾電池につないだ物の様子について追究する過程において、差異点や共通点をもとに、電気の回路についての問題を見いだし、表現するなどの資質・能力を育成する。

(2) 単元をどのように構成するのか

1) 教材観

「小学校学習指導要領」に示されている学習内容の系統を踏まえて、既習事項や日常の生活経験が使えるように構成する。例えば、次のようなものが考えられる。

（１）１個の乾電池と１個の豆電球などを導線でつないだときの、つなぎ方と豆電球などの点灯する様子に着目し、豆電球などが点灯するつなぎ方と点灯しないつなぎ方を比較して調べる。これらの活動を通して、回路が成立すると電気が通り、豆電球などが点灯することを捉えるようにする。また、導線を、乾電池の2つの極以外につないだり、導線と乾電池がつながっていなかったり、回路の一部が切れていたりすると豆電球などは点灯しないことも捉えるようにする。
（２）回路の一部に、身の回りにあるいろいろな物を入れたときの豆電球などの様子に着目し、電気を通す物や通さない物を比較して調べる。これらの活動を通して、物には電気を通す物と通さない物があることや豆電球の点灯によって物質を分けることができることも捉えるようにする。

ここで扱う事物としては、子どもの身の回りにある物で、鉄やアルミニウム、ガラス、木などが考えられる。

2) 子ども観

単元における子ども観は、認知発達によることを踏まえることが大切になる。

子どもの認知発達はおおよそ次のように説明される。

1　子どもはどのように認知発達をするのか

①認知の発達

子どもの認知発達を論じる場合、ジャン・ピアジェ（J. Piaget）の発生的認識論の考え方が欠かせない。この認識論は、子どもが事象などの対象とのかかわりを情報処理過程として捉える。そして、認識するという行為を、その枠組みであるシェマ（Schma）の同化と調節の均衡化の過程で説明する。同化とは認識対象が既有の認知の枠組みと適合でき、データを認知の枠組みに取り入れることである。これに対して、調節とは認識対象が既有の認知の枠組みであると適合できないとき、認知の枠組みを変更することを意味する。さらに、この理論において、子どもは受動的ではなく、能動的に知識を探索し獲得していく存在であるという考えを前提としていることが特徴である。

②認識の発達段階

認識の発達段階は、おおよそ、感覚運動期、前操作期、具体的操作期、形式的操作期の順に、４種に大別されている。

ア　感覚運動期（0～2歳）

感覚運動期は、感覚と運動で始まり、目前に存在するものから頭の中の表象で操作するようになる。その詳細は次のように説明される。

①　～　１ヶ月：同化と調節が萌芽する
②　～　４ヶ月：目標と手段が未分化
③　～　８ヶ月：目標と手段の分化が萌芽する
④　～　12ヶ月：目標に適した手段の選択
⑤　～　1.5歳：対象への働きかけ方を変え、その反応結果から対象の性質を探索
⑥　～　２歳まで：頭の中で再現したものとしての表象により目標達成の新しい手段を創出

感覚運動期からの離脱は、目前に存在するものから頭の中の表象で知的な操作ができるようになることである。表象の例として、延滞模倣やごっこ遊びな

どがある。

特に、目前のものが見えなくても「存在する」と信じる「ものの永続性」は表象が成立したことを意味し、この考え方は自然事象を対象とした場合、物質の保存の獲得とつながるといえる。

イ　前操作期（2～7歳頃）

前操作期には、子どもは事物を何か別の事物で表すという象徴（シンボル）機能を獲得するが、①自己と他者・外界の未分化や②自己の視点と他者の視点が区別できないという傾向がある。

ウ　具体的操作期（7～11、12歳頃）

具体的操作期は、おおよそ、以下の操作と概念の獲得が可能となる。

○操作

①長さの順という視点から配列したりする系列化

②分類

生物は植物と動物の合併という加法的分類や「色かつ形」で分類するという乗法的分類が可能になる。

③保存性

見かけなどの非本質的特徴を変化させても、数、重さ、長さ、面積、物質量、液体量などの本質的特徴は変化しないと考えるようになる。

例：数の保存、液量の保存、重さの保存、長さの保存

④見た目が変化しても元に戻せば同じになるというという可逆性

⑤何かを加えたり、差し引いたりしない限り、変化は起こらないという同一性

⑥変化があっても、それぞれの変化がお互いを補償し合っていれば同じであるという補償

○概念

数や空間、時間、速度などの概念を獲得するようになる。

エ　形式的操作期（11、12～14、15歳頃）

形式的操作期は、おおよそ内容と形式を分離できる論理的思考が成立する。

このため、可能性の問題や事実に反する仮定的な出来事について同一の論理形式、例えば、仮説演繹法が適用できるようになる。そのため
　①組み合わせ
　②要因の発見とその列挙
　③比例
　④確率
　⑤相関
　⑥命題論理など
の操作が可能になる。

2　子どものつまずき

　子どものつまずきは、電気に関する教材が多い。そこで、第３学年「電気の通り道」に関するものを例にすると、以下のものが列挙できる。
（１）乾電池を直列につなぎすぎて、フィラメントが切れる。
（２）豆電球が緩んでいて、点灯しない。
（３）豆電球が「点灯する、あるいは、点灯しない」という、豆電球に視点をおいた表現になり、電気が「通る、あるいは、流れる」というような電流に視点をおいた表現にならない。
（４）長い導線を使って豆電球を点灯させた場合、短い導線の場合と比べると豆電球の明るさが暗いと判断する。

3) 指導観

　単元の教材観と子どもの実態をもとに、指導の手立てが具体化できる。例えば、次のことが考えられる。

①観察・実験結果の整理の場面

　電気を通す物と通さない物を調べる場合に、実験結果を、電気を通す物と通さない物という視点から分類し、表などで整理できるようにする。

②観察・実験結果の考察に関する場面

　観察・実験結果を考察する場面では、豆電球などが点灯したり、点灯しなかっ

たりする現象を「回路が成立している、成立していない」という視点で表現し、「豆電球などの点灯を回路の成立、不成立」で説明できるようにする。

　また、指導に当たっては、子どもの安全に留意する必要がある。

③安全教育

　乾電池の2つの極を直接導線でつなぐことなどのショート回路では熱を発生することなど、安全に配慮するように指導する。

4）指導計画

　「電気の通り道」に関する指導計画は、例えば、次のものが考えられる。

　第一次　どのようにつなぐと明かりがつくのか

　第二次　電気を通す物と通さない物は何か

　第三次　おもちゃやゲームをつくろう

5）本時

　本時の構成の仕方は、①本時のねらいと②本時の展開とに大別できるので、これらを順に以下に例示する。

1　本時のねらい

　本時のねらいとして、例えば、以下のものが考えられる。

　○豆電球が点灯するときとしないときを比較して、それらについて予想・仮説をもち、表現しようとする。

2　本時の展開

　本時の展開は、以下のような問題解決過程で構成することが多い。

　①問題の見いだしの場面

　②予想・仮説の設定の場面

　③観察・実験方法の立案の場面

　④観察・実験方法の実行の場面

　⑤観察・実験結果の考察の場面

　⑥振り返りの場面

①～⑥の各場面における留意点を以下に示す。

①問題の見いだしの場面

子どもが問題を見いだすためには、観察する現象について、現象どうしあるいは現象と既有知識との間の違いに気づくように教師は工夫する。例えば、子どもに回路が見えないようにした装置を教師が提示する。その提示において豆電球が点灯している事象と豆電球が点灯していない事象を子どもが観察し、豆電球が点灯している、点灯していない、という事象の違いに気づく。このような事象の違いを子どもが見いだすことから、子どもは「どのようにして豆電球が点灯したり、あるいは点灯しなかったりするのか」を、問題として捉えるように教師は工夫する。

②予想・仮説の設定の場面

豆電球が点灯する、点灯しないという現象の違いに気づき、この現象の違いが「どのようにして生じたのか」について子どもは考える。具体的には、「豆電球が点灯する、点灯しない」の違いを説明する原因として、例えば、子どもは「豆電球が切れている」あるいは「回路が断線している」などを、既習や日常生活経験から想起し、予想・仮説として発想するようにする。

③観察・実験方法の立案の場面

「豆電球が切れている」、「回路が断線している」などの原因のうち、例えば、回路が断線しているという要因を取り上げ、回路の断線が「豆電球が点灯する、点灯しない」という事象に関係するか否かを調べる。具体的には、子どもが閉じた回路とそうでない回路をつくり、豆電球が点灯するかどうかを調べるようにする。

④観察・実験方法の実行の場面

子どもは閉じた回路とそうでない回路で観察・実験を実際に行う。具体的には、「回路が断線していなければ豆電球が点灯するだろう」、「回路が断線しているならば豆電球が点灯しないだろう」という予想・仮説を検討するために、豆電球と導線を用いて、回路が断線している場合と断線していない場合で豆電球が点灯するかどうかを調べるようにする。つまり、自分の考えである予想・仮説を自然事象で具現化し、事象で調べるようにする。

⑤観察・実験結果の考察の場面

観察・実験方法を実行し、結果を得る。つまり、「回路が断線しているならば豆電球は点灯せず、回路が断線していなければ豆電球は点灯する」という結果を得る。そして、観察・実験結果について子どもは考察する。考察については、一般的に、次の２種の場合が想定できる。

1　予想・仮説と実験結果が一致した場合

観察・実験結果は予想・仮説や実験方法をもとに生じる。このため、考察は、まず、観察・実験結果を予想・仮説や観察・実験方法と比較することから始まるようにする。前例でいえば、「回路が断線しているならば豆電球は点灯せず、回路が断線していなければ豆電球は点灯する」という予想・仮説に対して、子どもは次のように判断する。

「回路が断線していたので豆電球は点灯しなかった」という観察・実験結果は、「回路が断線しているならば豆電球は点灯しない」という予想・仮説と一致している。このため、「回路が断線すれば豆電球は点灯しないが、回路が断線しなければ豆電球は点灯する」という予想・仮説は妥当と子どもは考える。

2　予想・仮説と観察・実験結果が一致しない場合

予想・仮説と観察・実験結果が一致しない場合は、予想・仮説と観察・実験方法を見直す。つまり、観察・実験結果が予想・仮説と一致しない原因を、予想・仮説あるいは観察・実験方法や観察・実験技能などと関連付けて、予想・仮説や観察・実験方法などについて検討するようにする。

⑥振り返りの場面

子どもは今までの問題解決の全ての過程を振り返る。全過程を振り返るため、行ってきた問題解決の全ての過程を見直し、新たな問題を見いだすようにする。そして、子どもが獲得した知識や技能である事象の性質や規則性を、それらを得る手続きとともに獲得するようにする。さらに、これから追究すべき問題を明らかにする。

3　評価規準をどのように設定するのか

まず、観点別学習状況の評価、次に「知識・技能」、「思考・判断・表現」、「主体的に学習に取り組む態度」のそれぞれの評価、そしてそれらの評価規準の設定の考え方について述べる。

（1）観点別学習状況の評価

観点別学習状況の評価については、平成31年1月21日教育課程部会「児童生徒の学習評価の在り方について（報告）」によると【観点別学習状況の評価について】（pp.7）で、次のように記載されている。

> ……（略）……
> 小・中・高等学校の各教科を通じて、『知識・技能』『思考・判断・表現』『主体的に学習に取り組む態度』の3観点に整理することとし、指導要録の様式を改善することが必要
> ……（略）……

したがって、観点別学習状況の評価は、「知識・技能」、「思考・判断・表現」、「主体的に学習に取り組む態度」の3観点であるといえる。

（2）「知識・技能」の評価

知識・技能の評価は、【観点別学習状況の評価について】（pp.7）で、次のように記載されている。

> 「知識・技能」の評価は、各教科等における学習の過程を通した知識及び技能の習得状況について評価を行うとともに、それらを既有の知識及び技能と関連付けたり活用したりする中で、他の学習や生活の場面でも活用できる程度に概念等を理解したり、技能を習得したりしているかについて評価するものである。

したがって、「知識・技能」の評価は、

・学習の過程を通した知識及び技能の習得状況についての評価

・他の学習や生活の場面でも活用できる程度の概念等の理解や技能の習得

に関するものであるといえる。

（3）「思考・判断・表現」の評価

「思考・判断・表現」の評価については、【観点別学習状況の評価について】(pp.8) で、次のように記載されている。

> 「思考・判断・表現」の評価は、各教科等の知識及び技能を活用して課題を解決する等のために必要な思考力、判断力、表現力等を身に付けているかどうかを評価するものである。

したがって、「思考・判断・表現」の評価は、問題解決過程の各場面でいえば、次のようになる。

問題解決過程	「思考・判断・表現」の評価
（1）問題を見いだし、学習問題を設定する場面	対象の違いに気づき、それをもとに学習問題を設定しているか否か。
（2）見通しを発想する場面	対象どうしあるいは既有知識との関係付けを通して、問題を説明する見通しなどを発想しているか否か。
（3）解決方法を発想する場面	既有知識と関係付け、解決方法を発想しているか否か。
（4）解決方法を実行し、実行結果を整理する場面	実行結果を、問題や見通しと関係付け、整理し、表現しているか否か。
（5）実行の結果について考察する場面	問題や見通しと実行結果を関係付け、それらの整合性について評価しているか否か。
（6）振り返りの場面	問題解決過程の各過程どうしの関係について整合性や妥当性という視点から問題解決過程を吟味しているか否か。

（4）「主体的に学習に取り組む態度」の評価

「主体的に学習に取り組む態度」の評価は、【観点別学習状況の評価について】(pp.10) で、次のように記載されている。

……（略）………
各教科等の「主体的に学習に取り組む態度」に係る評価の観点の趣旨に照らして、知識及び技能を獲得したり、思考力、判断力、表現力等を身に付けたりするために、自らの学習状況を把握し、学習の進め方について試行錯誤するなど自らの学習を調整しながら、学ぼうとしているかどうかという意思的な側面を評価することが重要である。
……（略）………

上述のことは、自らの学習状況を把握し、学習の進め方について試行錯誤するなど自らの学習を調整しながら、学ぼうとしているかということが基底となっていると整理できる。つまり、自分の目標やその実現方法が基盤となっていると考えられる。また、自分の目標やその実現方法をもつことは、主体的に学習する態度と関係している。

そこで、まず、主体的に学習する子どもとそうでない子どもを比べることから、主体的な学習のための要因を明らかにする。

主体的な子どもと主体的でない子どもとを比べると、両者には以下のような２つの違いを見いだすことができる。

主体的な子どもは、「何をするのか」ということが明確になっている。また、主体的な子どもは、「どのようにするのか」ということが明確になっている。つまり、主体的な子どもは、実現すべき目標あるいは解決すべき問題が何かということが明確になっているといえる。さらに、主体的な子どもは、目標を実現する方法あるいは問題を解決する方法が明確になっているといえる。

子どもが主体的に学習に取り組む態度の獲得の一つの方法は、人とかかわることから、「何を」、「どのように」するかという、自らが解決活動を行う問題（目標）と解決方法（実現方法）を獲得することが考えられる。このため、他者とかかわることから、問題（行動目標）と解決方法（実現方法）を獲得することについて考える。

子どもが他者とのかかわりにより、「何を」と「どのように」を獲得するためには、同年齢どうしあるいはエキスパートなどの異年齢とのかかわる場面の設定が大切であるといえる。以後、同年齢どうしとエキスパートなどの異年齢を含んだ意味で、他者と記す。

子どもが他者とのかかわり、他者の「何を」と「どのように」に気づくためには、まず、学習指導で個を生かし、子どもどうしが互いにかかわるようにする必要がある。このようなかかわりから、子どもは今までの自分にない視点から「何を」と「どのように」を獲得するようになると考えられる。

また、エキスパートなどの異年齢とのかかわりから、子どもは、他者の生き方やあり方を観察し、真似ることから、自己の生きる目的や目標を獲得していくようになる。そして、子どもは「何を」と「どのように」を獲得するようになると考えられる。

今まで述べてきたことから、「主体的に学習に取り組む態度」の評価は、

①子ども自らが問題（目標）と解決方法（実現方法）を獲得すること

②その問題（目標）と解決方法（実現方法）をもとにして、自己調整し、メタ認知すること

といえる。

4　子どもの言語

(1) 理科の授業で言語に関してどのようなことに留意すればよいか

理科の問題解決過程における言語について考える。小学校理科の学習指導モデルを例にする。理科の学習指導過程は、次のような６つの場面からなる子どもの問題解決活動によって展開することが多い。それらは、子どもが、まず、①問題を見いだし、②その問題となる事象を説明するための予想・仮説を発想し、③発想した予想・仮説の真偽を確かめるための観察・実験方法を立案し、④観察・実験を行い、⑤観察・実験結果について考察し、⑥新たな問題を見いだす、である。

そこで、①～⑥の各場面における教師の手立てを、小学校理科の第５学年

「B生命・地球　(1) 植物の発芽、成長、結実」を例に、具体的に考えることにする。そして、教師の手立てから、理科の授業で求められている国語力を抽出する。なお、以下において、教師の手立てを T1 ～、想定される子どもの反応を S1 ～として示す。

1) 問題を見いだす場面での手立て

○教師が枯れたヘチマと成長していくヘチマを実物や写真で提示する。そして、次のような問いかけをする。

T1「違いは？」
　S1「枯れていく。」
　S2「成長していく。」
T2「何がどのように？」(主語と述語を明確にして表現させるため)
　S1「一方のヘチマが成長していく。」
　S2「他方のヘチマが枯れていく。」
T3「何 (性質、状態、関係など) がどのように異なるの？」
　S「一方のヘチマは成長していくが、他方のヘチマは枯れていく。」

したがって、理科の問題解決過程における言語活動は、
①主語と述語を明確にして表現すること
例えば、大きさ、色、形、位置など、比較の視点と比較する対象を明確にして表現すること
②例えば、「まず、次に、そして」など、事象を時系列に整理し表現すること
といえる。

2) 問題となる事象を説明するための予想・仮説を発想する場面での手立て

○問題となる事象を説明するための予想・仮説を子どもに設定させるためには、次のような手立てが必要になる。

T1「何がそのようにさせている (関係している) の？」、「今まで学んだことでそれに関係することはないかな？」
　S1「アサガオを育てたときに、水や肥料、日光が大切だったので、水がヘチマの成長に関係するのではないか。」
　S2「肥料がヘチマの成長に関係するのではないか。」

S3「日光がヘチマの成長に関係するのではないか。」

T2「『ヘチマの枯れる、成長するの違い』が、水や肥料、日光に関係するのではないかというように整理できるね。」

したがって、理科の問題解決過程における言語活動は、

③判断は、既習内容などの根拠や理由との関係で表現すること

といえる。

3) 発想した予想・仮説の真偽を確かめるための実験方法を立案する場面での手立て

○発想した予想・仮説の真偽を確かめるための実験方法を立案させるためには、次のような手立てが必要になる。

T1「仮説（予想）が正しいことをどのようにして調べるの？」、「今まで学んだことを使って調べる方法はないかな？」

S1「発芽の条件を調べたときに、調べる条件だけに注目し、それ以外の条件をそろえて比べるという実験をした。この実験方法をすればよい。」

S2「だから、ヘチマの成長に水が必要かどうかを調べるためには、水を与えるものと水を与えないものとの成長を比べる実験をすればよい。」

T2「予想される結果はどのように表すことができるかな？」

S「『水がヘチマの成長に関係するのではないか』という場合は、水を与える、与えないが、ヘチマの枯れる、枯れないに関係するので、

水を与える → ヘチマは枯れない

水を与えない → ヘチマは枯れる

と表すことができる。」

したがって、理科の問題解決過程における言語活動は、

④予想・仮説と結果との関係を、条件文（「もし、○○○ならば、△△△である」というように）で表現すること

といえる。

4）実験結果を得て、実験結果について考察する場面での手立て

○子どもが結果を得てその結果を考察させるためには、次のような手立てが必要になる。

T1「得られた結果は？」

S「得られた結果は、
水を与えた→ヘチマは枯れなかった
水を与えなかった→ヘチマは枯れた
となった。」

T2「この実験結果と仮説（予想）を比較したらどのようなことがいえるかな？」

S1「この結果は、水を与えるとヘチマは枯れないのに、水を与えないとヘチマは枯れるという、（水がヘチマの成長に関係するという）仮説（予想）と同じだった。」

S2「だから、水がヘチマの成長に関係するといえる。」

T3「肥料の影響を調べた実験結果と仮説（予想）を比較したらどのようなことがいえるかな？」

S「肥料の場合の結果も同じだったので、『肥料がヘチマの成長に関係する』といえる。」

T4「日光の影響を調べた実験結果と仮説（予想）を比較したらどのようなことがいえるかな？」

S「日光の場合も同じような結果であったので、日光がヘチマの成長に関係するといえる。」

5）新たな問題を見いだす場面での手立て

○子どもが新しい問題を見いだすようにするためには、次のことが大切である。

T1「今日学んだことはどのように整理できるかな？」

S「水や肥料、日光の３つの条件を比べる実験で、『水や肥料、日光がヘチマの成長に必要である』という知識を得た。」

T2 今日の学習から、「何が解決できて、何がまだ解決できていないですか？」

S「ヘチマ以外の植物も同じことがいえるかどうかを調べることが必要です。」

したがって、理科の問題解決過程における言語活動は、

⑤予想と結果との関係から結論を導出する。具体的には、仮説演繹的（例：もし、○○○ならば、△△△であるから、○○○ならば、△△△である）に表現すること

といえる。

(2) 理科における言語形式にはどのようなものがあるか

今での事例から明らかなように、理科授業において留意する言語形式を示すと、以下のように整理できる。

①主語と述語（例：性質、状態、関係など）を明確にして表現する。

②比較の視点（例：大きさ、色、形、位置など）を明確にして表現する。

③判断と理由の関係で表現する。

④時系列的（例：まず、次に、そして、など）に表現する。

⑤判断と根拠、結果と原因の関係で表現する。

⑥条件文（ 例：もし、○○○ならば、△△△である）で表現する。

⑦科学用語（例：気体、液体、電流など）を用いて表現する。

⑧仮説演繹的（例：もし、○○○ならば、△△△であるから、○○○ならば、△△△である）に表現する。

⑨科学の規則性（例：重量保存則など）で表現する。

文献

(1) 滝沢武久、『子どもの思考力』、岩波新書、1984.
(2) 岡本夏木・浜田寿美男、『発達心理学入門』、岩波書店、1995.
(3) 角屋重樹著、『小学校理科 確かな学力を育てるＰＩＳＡ型授業づくり』、明治図書、2008.
(4) 新教育評価研究会（角屋重樹編集代表）編、『新学習指導要領における資質・能力と思考力・判断力・表現力』、文溪堂、2017.

小学校学習指導要領　理　科

第1　目　標

自然に親しみ、理科の見方・考え方を働かせ、見通しをもって観察、実験を行うことなどを通して、自然の事物・現象についての問題を科学的に解決するために必要な資質・能力を次のとおり育成することを目指す。
⑴自然の事物・現象についての理解を図り、観察、実験などに関する基本的な技能を身に付けるようにする。
⑵観察、実験などを行い、問題解決の力を養う。
⑶自然を愛する心情や主体的に問題解決しようとする態度を養う。

第2　各学年の目標及び内容

〔第3学年〕
1　目　標
⑴物質・エネルギー
①物の性質、風とゴムの力の働き、光と音の性質、磁石の性質及び電気の回路についての理解を図り、観察、実験などに関する基本的な技能を身に付けるようにする。
②物の性質、風とゴムの力の働き、光と音の性質、磁石の性質及び電気の回路について追究する中で、主に差異点や共通点を基に、問題を見いだす力を養う。
③物の性質、風とゴムの力の働き、光と音の性質、磁石の性質及び電気の回路について追究する中で、主体的に問題解決しようとする態度を養う。
⑵生命・地球
①身の回りの生物、太陽と地面の様子についての理解を図り、観察、実験などに関する基本的な技能を身に付けるようにする。
②身の回りの生物、太陽と地面の様子について追究する中で、主に差異点や共通点を基に、問題を見いだす力を養う。
③身の回りの生物、太陽と地面の様子について追究する中で、生物を愛護する態度や主体的に問題解決しようとする態度を養う。

2　内　容
A　物質・エネルギー
⑴物と重さ
物の性質について、形や体積に着目して、重さを比較しながら調べる活動を通して、次の事項を身に付けることができるよう指導する。
ア　次のことを理解するとともに、観察、実験などに関する技能を身に付けること。
（ア）物は、形が変わっても重さは変わらないこと。
（イ）物は、体積が同じでも重さは違うことがあること。
イ　物の形や体積と重さとの関係について追究する中で、差異点や共通点を基に、物の性質についての問題を見いだし、表現すること。
⑵風とゴムの力の働き
風とゴムの力の働きについて、力と物の動く様子に着目して、それらを比較しながら調べる活動を通して、次の事項を身に付けることができるよう指導する。
ア　次のことを理解するとともに、観察、実験などに関する技能を身に付けること。
（ア）風の力は、物を動かすことができること。また、風の力の大きさを変えると、物が動く様子も変わること。
（イ）ゴムの力は、物を動かすことができること。また、ゴムの力の大きさを変えると、物が動く様子も変わること。
イ　風とゴムの力で物が動く様子について追究する中で、差異点や共通点を基に、風とゴムの力の働きについての問題を見いだし、表現すること。
⑶光と音の性質
光と音の性質について、光を当てたときの明るさや暖かさ、音を出したときの震え方に着目して、光の強さや音の大きさを変えたときの違いを比較しながら調べる活動を通して、次の事項を身に付けることができるよう指導する。
ア　次のことを理解するとともに、観察、実験などに関する技能を身に付けること。
（ア）日光は直進し、集めたり反射させたりできること。
（イ）物に日光を当てると、物の明るさや暖かさが変わること。
（ウ）物から音が出たり伝わったりするとき、物は震えていること。また、音の大きさが変わるとき物の震え方が変わること。
イ　光を当てたときの明るさや暖かさの様子、音を出したときの震え方の様子について追究する中で、差異点や共通点を基に、光と音の性質についての問題を見いだし、表現すること。
⑷磁石の性質
磁石の性質について、磁石を身の回りの物に近付けたときの様子に着目して、それらを比較しながら調べる活動を通して、次の事項を身に付けることができるよう指導する。
ア　次のことを理解するとともに、観察、実験などに関する技能を身に付けること。
（ア）磁石に引き付けられる物と引き付けられない物があること。また、磁石に近付けると磁石になる物があること。

（イ）磁石の異極は引き合い、同極は退け合うこと。
イ　磁石を身の回りの物に近付けたときの様子について追究する中で、差異点や共通点を基に、磁石の性質についての問題を見いだし、表現すること。

⑸電気の通り道
電気の回路について、乾電池と豆電球などのつなぎ方と乾電池につないだ物の様子に着目して、電気を通すときと通さないときのつなぎ方を比較しながら調べる活動を通して、次の事項を身に付けることができるよう指導する。
ア　次のことを理解するとともに、観察、実験などに関する技能を身に付けること。
（ア）電気を通すつなぎ方と通さないつなぎ方があること。
（イ）電気を通す物と通さない物があること。
イ　乾電池と豆電球などのつなぎ方と乾電池につないだ物の様子について追究する中で、差異点や共通点を基に、電気の回路についての問題を見いだし、表現すること。

B　生命・地球
⑴身の回りの生物
身の回りの生物について、探したり育てたりする中で、それらの様子や周辺の環境、成長の過程や体のつくりに着目して、それらを比較しながら調べる活動を通して、次の事項を身に付けることができるよう指導する。
ア 次のことを理解するとともに、観察、実験などに関する技能を身に付けること。
（ア）生物は、色、形、大きさなど、姿に違いがあること。また、周辺の環境と関わって生きていること。
（イ）昆虫の育ち方には一定の順序があること。また、成虫の体は頭、胸及び腹からできていること。
（ウ）植物の育ち方には一定の順序があること。また、その体は根、茎及び葉からできていること。
イ　身の回りの生物の様子について追究する中で、差異点や共通点を基に、身の回りの生物と環境との関わり、昆虫や植物の成長のきまりや体のつくりについての問題を見いだし、表現すること。

⑵太陽と地面の様子
太陽と地面の様子との関係について、日なたと日陰の様子に着目して、それらを比較しながら調べる活動を通して、次の事項を身に付けることができるよう指導する。
ア　次のことを理解するとともに、観察、実験などに関する技能を身に付けること。
（ア）日陰は太陽の光を遮るとでき、日陰の位置は太陽の位置の変化によって変わること。
（イ）地面は太陽によって暖められ、日なたと日陰では地面の暖かさや湿り気に違いがあること。
イ　日なたと日陰の様子について追究する中で、差異点や共通点を基に、太陽と地面の様子との関係についての問題を見いだし、表現すること。

3　内容の取扱い
⑴内容の「A物質・エネルギー」の指導に当たっては、３種類以上のものづくりを行うものとする。
⑵内容の「A物質・エネルギー」の⑷のアの（ア）については、磁石が物を引き付ける力は、磁石と物の距離によって変わることにも触れること。
⑶内容の「B生命・地球」の⑴については、次のとおり取り扱うものとする。
ア　アの（イ）及び（ウ）については、飼育、栽培を通して行うこと。
イ　アの（ウ）の「植物の育ち方」については、夏生一年生の双子葉植物を扱うこと。
⑷内容の「B生命・地球」の⑵のアの（ア）の「太陽の位置の変化」については、東から南、西へと変化することを取り扱うものとする。また、太陽の位置を調べるときの方位は東、西、南、北を扱うものとする。

〔第４学年〕
１　目　標
⑴物質・エネルギー
①空気、水及び金属の性質、電流の働きについての理解を図り、観察、実験などに関する基本的な技能を身に付けるようにする。
②空気、水及び金属の性質、電流の働きについて追究する中で、主に既習の内容や生活経験を基に、根拠のある予想や仮説を発想する力を養う。
③空気、水及び金属の性質、電流の働きについて追究する中で、主体的に問題解決しようとする態度を養う。
⑵生命・地球
①人の体のつくりと運動、動物の活動や植物の成長と環境との関わり、雨水の行方と地面の様子、気象現象、月や星についての理解を図り、観察、実験などに関する基本的な技能を身に付けるようにする。
②人の体のつくりと運動、動物の活動や植物の成長と環境との関わり、雨水の行方と地面の様子、気象現象、月や星について追究する中で、主に既習の内容や生活経験を基に、根拠のある予想や仮説を発想する力を養う。
③人の体のつくりと運動、動物の活動や植物の成長と環境との関わり、雨水の行方と地面の様子、気象現象、月や星について追究する中で、生物を愛護する態度や主体的に問題解決しようとする態度を養う。

２　内　容
A　物質・エネルギー
⑴空気と水の性質
空気と水の性質について、体積や圧（お）し返す力の変化に着目して、それらと圧（お）す力とを関係付けて調べる活動を通して、次の事項を身に付けることができるよう指導する。
ア　次のことを理解するとともに、観察、実験などに関する技能を身に付けること。
（ア）閉じ込めた空気を圧（お）すと、体積は小さくなるが、圧（お）し返す力は大きくなること。
（イ）閉じ込めた空気は圧（お）し縮められるが、水は圧（お）し縮められないこと。
イ　空気と水の性質について追究する中で、既習の内容や生活経験を基に、空気と水の体積や圧（お）し返す力の変化と圧（お）す力との関係について、根拠のある予想や仮説を発想し、表現すること。

⑵金属、水、空気と温度
金属、水及び空気の性質について、体積や状態の変化、熱の伝わり方に着目して、それらと温度の変化とを関係付けて調べる活動を通して、次の事項を身に付けることができるよう指導する。
ア　次のことを理解するとともに、観察、実験などに関する技能を身に付けること。
（ア）金属、水及び空気は、温めたり冷やしたりすると、それらの体積が変わるが、その程度には違いがあること。
（イ）金属は熱せられた部分から順に温まるが、水や空気は熱せられた部分が移動して全体が温まること。
（ウ）水は、温度によって水蒸気や氷に変わること。また、水が氷になると体積が増えること。
イ　金属、水及び空気の性質について追究する中で、既習の内容や生活経験を基に、金属、水及び空気の温度を変化させたときの体積や状態の変化、熱の伝わり方について、根拠のある予想や仮説を発想し、表現すること。
⑶電流の働き
電流の働きについて、電流の大きさや向きと乾電池につないだ物の様子に着目して、それらを関係付けて調べる活動を通して、次の事項を身に付けることができるよう指導する。
ア　次のことを理解するとともに、観察、実験などに関する技能を身に付けること。
（ア）乾電池の数やつなぎ方を変えると、電流の大きさや向きが変わり、豆電球の明るさやモーターの回り方が変わること。
イ　電流の働きについて追究する中で、既習の内容や生活経験を基に、電流の大きさや向きと乾電池につないだ物の様子との関係について、根拠のある予想や仮説を発想し、表現すること。
B　生命・地球
⑴人の体のつくりと運動
人や他の動物について、骨や筋肉のつくりと働きに着目して、それらを関係付けて調べる活動を通して、次の事項を身に付けることができるよう指導する。
ア 次のことを理解するとともに、観察、実験などに関する技能を身に付けること。
（ア）人の体には骨と筋肉があること。
（イ）人が体を動かすことができるのは、骨、筋肉の働きによること。
イ　人や他の動物について追究する中で、既習の内容や生活経験を基に、人や他の動物の骨や筋肉のつくりと働きについて、根拠のある予想や仮説を発想し、表現すること。
⑵季節と生物
身近な動物や植物について、探したり育てたりする中で、動物の活動や植物の成長と季節の変化に着目して、それらを関係付けて調べる活動を通して、次の事項を身に付けることができるよう指導する。
ア　次のことを理解するとともに、観察、実験などに関する技能を身に付けること。
（ア）動物の活動は、暖かい季節、寒い季節などによって違いがあること。
（イ）植物の成長は、暖かい季節、寒い季節などによって違いがあること。
イ　身近な動物や植物について追究する中で、既習の内容や生活経験を基に、季節ごとの動物の活動や植物の成長の変化について、根拠のある予想や仮説を発想し、表現すること。
⑶雨水の行方と地面の様子
雨水の行方と地面の様子について、流れ方やしみ込み方に着目して、それらと地面の傾きや土の粒の大きさとを関係付けて調べる活動を通して、次の事項を身に付けることができるよう指導する。
ア　次のことを理解するとともに、観察、実験などに関する技能を身に付けること。
（ア）水は、高い場所から低い場所へと流れて集まること。
（イ）水のしみ込み方は、土の粒の大きさによって違いがあること。
イ　雨水の行方と地面の様子について追究する中で、既習の内容や生活経験を基に、雨水の流れ方やしみ込み方と地面の傾きや土の粒の大きさとの関係について、根拠のある予想や仮説を発想し、表現すること。
⑷天気の様子
天気や自然界の水の様子について、気温や水の行方に着目して、それらと天気の様子や水の状態変化とを関係付けて調べる活動を通して、次の事項を身に付けることができるよう指導する。
ア　次のことを理解するとともに、観察、実験などに関する技能を身に付けること。
（ア）天気によって１日の気温の変化の仕方に違いがあること。
（イ）水は、水面や地面などから蒸発し、水蒸気になって空気中に含まれていくこと。また、空気中の水蒸気は、結露して再び水になって現れることがあること。
イ　天気や自然界の水の様子について追究する中で、既習の内容や生活経験を基に、天気の様子や水の状態変化と気温や水の行方との関係について、根拠のある予想や仮説を発想し、表現すること。
⑸月と星
月や星の特徴について、位置の変化や時間の経過に着目して、それらを関係付けて調べる活動を通して、次の事項を身に付けることができるよう指導する。
ア　次のことを理解するとともに、観察、実験などに関する技能を身に付けること。
（ア）月は日によって形が変わって見え、１日のうちでも時刻によって位置が変わること。
（イ）空には、明るさや色の違う星があること。
（ウ）星の集まりは、１日のうちでも時刻によって、並び方は変わらないが、位置が変わること。
イ　月や星の特徴について追究する中で、既習の内容や生活経験を基に、月や星の位置の変化と時間の経過との関係について、根拠のある予想や仮説を発想し、表現すること。

3　内容の取扱い
⑴内容の「A物質・エネルギー」の⑶のアの（ア）については、直列つなぎと並列つなぎを扱うものとする。
⑵内容の「A物質・エネルギー」の指導に当たっては、２種類以上のものづくりを行うものとする。
⑶内容の「B生命・地球」の⑴のアの（イ）については、関節の働きを扱うものとする。
⑷内容の「B生命・地球」の⑵については、１年を通じて動物の活動や植物の成長をそれぞれ２種類以上観察するものとする。

〔第５学年〕
１　目　標
⑴物質・エネルギー
①物の溶け方、振り子の運動、電流がつくる磁力についての理解を図り、観察、実験などに関する基本的な技能を身に付けるようにする。
②物の溶け方、振り子の運動、電流がつくる磁力について追究する中で、主に予想や仮説を基に、解決の方法を発想する力を養う。
③物の溶け方、振り子の運動、電流がつくる磁力について追究する中で、主体的に問題解決しようとする態度を養う。
⑵生命・地球
①生命の連続性、流れる水の働き、気象現象の規則性についての理解を図り、観察、実験などに関する基本的な技能を身に付けるようにする。
②生命の連続性、流れる水の働き、気象現象の規則性について追究する中で、主に予想や仮説を基に、解決の方法を発想する力を養う。
③生命の連続性、流れる水の働き、気象現象の規則性について追究する中で、生命を尊重する態度や主体的に問題解決しようとする態度を養う。

２　内　容
A　物質・エネルギー
⑴物の溶け方
物の溶け方について、溶ける量や様子に着目して、水の温度や量などの条件を制御しながら調べる活動を通して、次の事項を身に付けることができるよう指導する。
ア　次のことを理解するとともに、観察、実験などに関する技能を身に付けること。
（ア）物が水に溶けても、水と物とを合わせた重さは変わらないこと。
（イ）物が水に溶ける量には、限度があること。
（ウ）物が水に溶ける量は水の温度や量、溶ける物によって違うこと。また、この性質を利用して、溶けている物を取り出すことができること。
イ　物の溶け方について追究する中で、物の溶け方の規則性についての予想や仮説を基に、解決の方法を発想し、表現すること。
⑵振り子の運動
振り子の運動の規則性について、振り子が１往復する時間に着目して、おもりの重さや振り子の長さなどの条件を制御しながら調べる活動を通して、次の事項を身に付けることができるよう指導する。
ア　次のことを理解するとともに、観察、実験などに関する技能を身に付けること。
（ア）振り子が１往復する時間は、おもりの重さなどによっては変わらないが、振り子の長さによって変わること。
イ　振り子の運動の規則性について追究する中で、振り子が１往復する時間に関係する条件についての予想や仮説を基に、解決の方法を発想し、表現すること。
⑶電流がつくる磁力
電流がつくる磁力について、電流の大きさや向き、コイルの巻数などに着目して、それらの条件を制御しながら調べる活動を通して、次の事項を身に付けることができるよう指導する。
ア　次のことを理解するとともに、観察、実験などに関する技能を身に付けること。
（ア）電流の流れているコイルは、鉄心を磁化する働きがあり、電流の向きが変わると、電磁石の極も変わること。
（イ）電磁石の強さは、電流の大きさや導線の巻数によって変わること。
イ　電流がつくる磁力について追究する中で、電流がつくる磁力の強さに関係する条件についての予想や仮説を基に、解決の方法を発想し、表現すること。
B　生命・地球
⑴植物の発芽、成長、結実
植物の育ち方について、発芽、成長及び結実の様子に着目して、それらに関わる条件を制御しながら調べる活動を通して、次の事項を身に付けることができるよう指導する。
ア 次のことを理解するとともに、観察、実験などに関する技能を身に付けること。
（ア）植物は、種子の中の養分を基にして発芽すること。
（イ）植物の発芽には、水、空気及び温度が関係していること。
（ウ）植物の成長には、日光や肥料などが関係していること。
（エ）花にはおしべやめしべなどがあり、花粉がめしべの先に付くとめしべのもとが実になり、実の中に種子ができること。
イ　植物の育ち方について追究する中で、植物の発芽、成長及び結実とそれらに関わる条件についての予想や仮説を基に、解決の方法を発想し、表現すること。
⑵動物の誕生
動物の発生や成長について、魚を育てたり人の発生についての資料を活用したりする中で、卵や胎児の様子に着目して、時間の経過と関係付けて調べる活動を通して、次の事項を身に付けることができるよう指導する。
ア　次のことを理解するとともに、観察、実験などに関する技能を身に付けること。
（ア）魚には雌雄があり、生まれた卵は日がたつにつれて中の様子が変化してかえること。
（イ）人は、母体内で成長して生まれること。
イ　動物の発生や成長について追究する中で、動物の発生や成長の様子と経過についての予想や仮説を基に、解決の方法を発想し、表現すること。
⑶流れる水の働きと土地の変化
流れる水の働きと土地の変化について、水の速さや量に着目して、それらの条件を制御しながら調べる活動を通して、次の事項を身に付けることができるよう指導する。

ア　次のことを理解するとともに、観察、実験などに関する技能を身に付けること。
（ア）流れる水には、土地を侵食したり、石や土などを運搬したり堆積させたりする働きがあること。
（イ）川の上流と下流によって、川原の石の大きさや形に違いがあること。
（ウ）雨の降り方によって、流れる水の速さや量は変わり、増水により土地の様子が大きく変化する場合があること。
イ　流れる水の働きについて追究する中で、流れる水の働きと土地の変化との関係についての予想や仮説を基に、解決の方法を発想し、表現すること。

⑷天気の変化
天気の変化の仕方について、雲の様子を観測したり、映像などの気象情報を活用したりする中で、雲の量や動きに着目して、それらと天気の変化とを関係付けて調べる活動を通して、次の事項を身に付けることができるよう指導する。
ア　次のことを理解するとともに、観察、実験などに関する技能を身に付けること。
（ア）天気の変化は、雲の量や動きと関係があること。
（イ）天気の変化は、映像などの気象情報を用いて予想できること。
イ　天気の変化の仕方について追究する中で、天気の変化の仕方と雲の量や動きとの関係についての予想や仮説を基に、解決の方法を発想し、表現すること。

3　内容の取扱い

⑴内容の「Ａ物質・エネルギー」の指導に当たっては、２種類以上のものづくりを行うものとする。
⑵内容の「Ａ物質·エネルギー」の⑴については、水溶液の中では、溶けている物が均一に広がることにも触れること。
⑶内容の「Ｂ生命・地球」の⑴については、次のとおり取り扱うものとする。
ア　アの（ア）の「種子の中の養分」については、でんぷんを扱うこと。
イ　アの（エ）については、おしべ、めしべ、がく及び花びらを扱うこと。また、受粉については、風や昆虫などが関係していることにも触れること。
⑷内容の「Ｂ生命・地球」の⑵のアの（イ）については、人の受精に至る過程は取り扱わないものとする。
⑸内容の「Ｂ生命・地球」の⑶のアの（ウ）については、自然災害についても触れること。
⑹内容の「Ｂ生命・地球」の⑷のアの（イ）については、台風の進路による天気の変化や台風と降雨との関係及びそれに伴う自然災害についても触れること。

〔第６学年〕

１　目　標

⑴物質・エネルギー
①燃焼の仕組み、水溶液の性質、てこの規則性及び電気の性質や働きについての理解を図り、観察、実験などに関する基本的な技能を身に付けるようにする。
②燃焼の仕組み、水溶液の性質、てこの規則性及び電気の性質や働きについて追究する中で、主にそれらの仕組みや性質、規則性及び働きについて、より妥当な考えをつくりだす力を養う。
③燃焼の仕組み、水溶液の性質、てこの規則性及び電気の性質や働きについて追究する中で、主体的に問題解決しようとする態度を養う。

⑵生命・地球
①生物の体のつくりと働き、生物と環境との関わり、土地のつくりと変化、月の形の見え方と太陽との位置関係についての理解を図り、観察、実験などに関する基本的な技能を身に付けるようにする。
②生物の体のつくりと働き、生物と環境との関わり、土地のつくりと変化、月の形の見え方と太陽との位置関係について追究する中で、主にそれらの働きや関わり、変化及び関係について、より妥当な考えをつくりだす力を養う。
③生物の体のつくりと働き、生物と環境との関わり、土地のつくりと変化、月の形の見え方と太陽との位置関係について追究する中で、生命を尊重する態度や主体的に問題解決しようとする態度を養う。

２　内　容

Ａ　物質・エネルギー

⑴燃焼の仕組み
燃焼の仕組みについて、空気の変化に着目して、物の燃え方を多面的に調べる活動を通して、次の事項を身に付けることができるよう指導する。
ア　次のことを理解するとともに、観察、実験などに関する技能を身に付けること。
（ア）植物体が燃えるときには、空気中の酸素が使われて二酸化炭素ができること。
イ　燃焼の仕組みについて追究する中で、物が燃えたときの空気の変化について、より妥当な考えをつくりだし、表現すること。

⑵水溶液の性質
水溶液について、溶けている物に着目して、それらによる水溶液の性質や働きの違いを多面的に調べる活動を通して、次の事項を身に付けることができるよう指導する。
ア　次のことを理解するとともに、観察、実験などに関する技能を身に付けること。
（ア）水溶液には、酸性、アルカリ性及び中性のものがあること。
（イ）水溶液には、気体が溶けているものがあること。
（ウ）水溶液には、金属を変化させるものがあること。
イ　水溶液の性質や働きについて追究する中で、溶けているものによる性質や働きの違いについて、より妥当な考えをつくりだし、表現すること。

⑶てこの規則性
てこの規則性について、力を加える位置や力の大きさに着目して、てこの働きを多面的に調べる活動を通して、

次の事項を身に付けることができるよう指導する。
ア　次のことを理解するとともに、観察、実験などに関する技能を身に付けること。
(ア) 力を加える位置や力の大きさを変えると、てこを傾ける働きが変わり、てこがつり合うときにはそれらの間に規則性があること。
(イ) 身の回りには、てこの規則性を利用した道具があること。
イ　てこの規則性について追究する中で、力を加える位置や力の大きさとてこの働きとの関係について、より妥当な考えをつくりだし、表現すること。

⑷電気の利用
発電や蓄電、電気の変換について、電気の量や働きに着目して、それらを多面的に調べる活動を通して、次の事項を身に付けることができるよう指導する。
ア　次のことを理解するとともに、観察、実験などに関する技能を身に付けること。
(ア) 電気は、つくりだしたり蓄えたりすることができること。
(イ) 電気は、光、音、熱、運動などに変換することができること。
(ウ) 身の回りには、電気の性質や働きを利用した道具があること。
イ　電気の性質や働きについて追究する中で、電気の量と働きとの関係、発電や蓄電、電気の変換について、より妥当な考えをつくりだし、表現すること。

B　生命・地球

⑴人の体のつくりと働き
人や他の動物について、体のつくりと呼吸、消化、排出及び循環の働きに着目して、生命を維持する働きを多面的に調べる活動を通して、次の事項を身に付けることができるよう指導する。
ア 次のことを理解するとともに、観察、実験などに関する技能を身に付けること。
(ア) 体内に酸素が取り入れられ、体外に二酸化炭素などが出されていること。
(イ) 食べ物は、口、胃、腸などを通る間に消化、吸収され、吸収されなかった物は排出されること。
(ウ) 血液は、心臓の働きで体内を巡り、養分、酸素及び二酸化炭素などを運んでいること。
(エ) 体内には、生命活動を維持するための様々な臓器があること。
イ　人や他の動物の体のつくりと働きについて追究する中で、体のつくりと呼吸、消化、排出及び循環の働きについて、より妥当な考えをつくりだし、表現すること。

⑵植物の養分と水の通り道
植物について、その体のつくり、体内の水などの行方及び葉で養分をつくる働きに着目して、生命を維持する働きを多面的に調べる活動を通して、次の事項を身に付けることができるよう指導する。
ア　次のことを理解するとともに、観察、実験などに関する技能を身に付けること。
(ア) 植物の葉に日光が当たるとでんぷんができること。
(イ) 根、茎及び葉には、水の通り道があり、根から吸い上げられた水は主に葉から蒸散により排出されること。
イ　植物の体のつくりと働きについて追究する中で、体のつくり、体内の水などの行方及び葉で養分をつくる働きについて、より妥当な考えをつくりだし、表現すること。

⑶生物と環境
生物と環境について、動物や植物の生活を観察したり資料を活用したりする中で、生物と環境との関わりに着目して、それらを多面的に調べる活動を通して、次の事項を身に付けることができるよう指導する。
ア　次のことを理解するとともに、観察、実験などに関する技能を身に付けること。
(ア) 生物は、水及び空気を通して周囲の環境と関わって生きていること。
(イ) 生物の間には、食う食われるという関係があること。
(ウ) 人は、環境と関わり、工夫して生活していること。
イ　生物と環境について追究する中で、生物と環境との関わりについて、より妥当な考えをつくりだし、表現すること。

⑷土地のつくりと変化
土地のつくりと変化について、土地やその中に含まれる物に着目して、土地のつくりやでき方を多面的に調べる活動を通して、次の事項を身に付けることができるよう指導する。
ア　次のことを理解するとともに、観察、実験などに関する技能を身に付けること。
(ア) 土地は、礫（れき）、砂、泥、火山灰などからできており、層をつくって広がっているものがあること。また、層には化石が含まれているものがあること。
(イ) 地層は、流れる水の働きや火山の噴火によってできること。
(ウ) 土地は、火山の噴火や地震によって変化すること。
イ　土地のつくりと変化について追究する中で、土地のつくりやでき方について、より妥当な考えをつくりだし、表現すること。

⑸月と太陽
月の形の見え方について、月と太陽の位置に着目して、それらの位置関係を多面的に調べる活動を通して、次の事項を身に付けることができるよう指導する。
ア　次のことを理解するとともに、観察、実験などに関する技能を身に付けること。
(ア) 月の輝いている側に太陽があること。また、月の形の見え方は、太陽と月との位置関係によって変わること。
イ　月の形の見え方について追究する中で、月の位置や形と太陽の位置との関係について、より妥当な考えをつくりだし、表現すること。

3　内容の取扱い

⑴内容の「A物質・エネルギー」の指導に当たっては、２種類以上のものづくりを行うものとする。
⑵内容の「A物質・エネルギー」の⑷のアの（ア）については、電気をつくりだす道具として、手回し発電機、光電池などを扱うものとする。

(3)内容の「B生命・地球」の(1)については、次のとおり取り扱うものとする。
　ア　アの（ウ）については、心臓の拍動と脈拍とが関係することにも触れること。
　イ　アの（エ）については、主な臓器として、肺、胃、小腸、大腸、肝臓、腎臓、心臓を扱うこと。
(4)内容の「B生命・地球」の(3)については、次のとおり取り扱うものとする。
　ア　アの（ア）については、水が循環していることにも触れること。
　イ　アの（イ）については、水中の小さな生物を観察し、それらが魚などの食べ物になっていることに触れること。
(5)内容の「B生命・地球」の(4)については、次のとおり取り扱うものとする。
　ア　アの（イ）については、流れる水の働きでできた岩石として礫（れき）岩、砂岩、泥岩を扱うこと。
　イ　アの（ウ）については、自然災害についても触れること。
(6)内容の「B生命・地球」の(5)のアの（ア）については、地球から見た太陽と月との位置関係で扱うものとする。

第3　指導計画の作成と内容の取扱い

1　指導計画の作成に当たっては、次の事項に配慮するものとする。
(1)単元など内容や時間のまとまりを見通して、その中で育む資質・能力の育成に向けて、児童の主体的・対話的で深い学びの実現を図るようにすること。その際、理科の学習過程の特質を踏まえ、理科の見方・考え方を働かせ、見通しをもって観察、実験を行うことなどの、問題を科学的に解決しようとする学習活動の充実を図ること。
(2)各学年で育成を目指す思考力、判断力、表現力等については、該当学年において育成することを目指す力のうち、主なものを示したものであり、実際の指導に当たっては、他の学年で掲げている力の育成についても十分に配慮すること。
(3)障害のある児童などについては、学習活動を行う場合に生じる困難さに応じた指導内容や指導方法の工夫を計画的、組織的に行うこと。
(4)第1章総則の第1の2の(2)に示す道徳教育の目標に基づき、道徳科などとの関連を考慮しながら、第3章特別の教科道徳の第2に示す内容について、理科の特質に応じて適切な指導をすること。
2　第2の内容の取扱いについては、次の事項に配慮するものとする。
(1)問題を見いだし、予想や仮説、観察、実験などの方法について考えたり説明したりする学習活動、観察、実験の結果を整理し考察する学習活動、科学的な言葉や概念を使用して考えたり説明したりする学習活動などを重視することによって、言語活動が充実するようにすること。
(2)観察、実験などの指導に当たっては、指導内容に応じてコンピュータや情報通信ネットワークなどを適切に活用できるようにすること。また、第1章総則の第3の1の(3)のイに掲げるプログラミングを体験しながら論理的思考力を身に付けるための学習活動を行う場合には、児童の負担に配慮しつつ、例えば第2の各学年の内容の〔第6学年〕の「A物質・エネルギー」の(4)における電気の性質や働きを利用した道具があることを捉える学習など、与えた条件に応じて動作していることを考察し、更に条件を変えることにより、動作が変化することについて考える場面で取り扱うものとする。
(3)生物、天気、川、土地などの指導に当たっては、野外に出掛け地域の自然に親しむ活動や体験的な活動を多く取り入れるとともに、生命を尊重し、自然環境の保全に寄与する態度を養うようにすること。
(4)天気、川、土地などの指導に当たっては、災害に関する基礎的な理解が図られるようにすること。
(5)個々の児童が主体的に問題解決の活動を進めるとともに、日常生活や他教科等との関連を図った学習活動、目的を設定し、計測して制御するという考え方に基づいた学習活動が充実するようにすること。
(6)博物館や科学学習センターなどと連携、協力を図りながら、それらを積極的に活用すること。
3　観察、実験などの指導に当たっては、事故防止に十分留意すること。また、環境整備に十分配慮するとともに、使用薬品についても適切な措置をとるよう配慮すること。

中学校学習指導要領　理　科

第1　目　標

自然の事物・現象に関わり、理科の見方・考え方を働かせ、見通しをもって観察、実験を行うことなどを通して、自然の事物・現象を科学的に探究するために必要な資質・能力を次のとおり育成することを目指す。
(1)自然の事物・現象についての理解を深め、科学的に探究するために必要な観察、実験などに関する基本的な技能を身に付けるようにする。
(2)観察、実験などを行い、科学的に探究する力を養う。
(3)自然の事物・現象に進んで関わり、科学的に探究しようとする態度を養う。

第2　各分野の目標及び内容

〔第1分野〕

1　目　標

物質やエネルギーに関する事物・現象を科学的に探究するために必要な資質・能力を次のとおり育成することを目指す。

(1)物質やエネルギーに関する事物・現象についての観察、実験などを行い、身近な物理現象、電流とその利用、運動とエネルギー、身の回りの物質、化学変化と原子・分子、化学変化とイオンなどについて理解するとともに、科学技術の発展と人間生活との関わりについて認識を深めるようにする。また、それらを科学的に探究するために必要な観察、実験などに関する基本的な技能を身に付けるようにする。
(2)物質やエネルギーに関する事物・現象に関わり、それらの中に問題を見いだし見通しをもって観察、実験などを行い、その結果を分析して解釈し表現するなど、科学的に探究する活動を通して、規則性を見いだしたり課題を解決したりする力を養う。
(3)物質やエネルギーに関する事物・現象に進んで関わり、科学的に探究しようとする態度を養うとともに、自然を総合的に見ることができるようにする。

2 内 容

(1)身近な物理現象
身近な物理現象についての観察、実験などを通して、次の事項を身に付けることができるよう指導する。
ア　身近な物理現象を日常生活や社会と関連付けながら、次のことを理解するとともに、それらの観察、実験などに関する技能を身に付けること。
(ア) 光と音
㋐光の反射・屈折
光の反射や屈折の実験を行い、光が水やガラスなどの物質の境界面で反射、屈折するときの規則性を見いだして理解すること。
㋑凸レンズの働き
凸レンズの働きについての実験を行い、物体の位置と像のでき方との関係を見いだして理解すること。
㋒音の性質
音についての実験を行い、音はものが振動することによって生じ空気中などを伝わること及び音の高さや大きさは発音体の振動の仕方に関係することを見いだして理解すること。
(イ) 力の働き
㋐力の働き
物体に力を働かせる実験を行い、物体に力が働くとその物体が変形したり動き始めたり、運動の様子が変わったりすることを見いだして理解するとともに、力は大きさと向きによって表されることを知ること。また、物体に働く2力についての実験を行い、力がつり合うときの条件を見いだして理解すること。
イ　身近な物理現象について、問題を見いだし見通しをもって観察、実験などを行い、光の反射や屈折、凸レンズの働き、音の性質、力の働きの規則性や関係性を見いだして表現すること。
(2) 身の回りの物質
身の回りの物質についての観察、実験などを通して、次の事項を身に付けることができるよう指導する。
ア　身の回りの物質の性質や変化に着目しながら、次のことを理解するとともに、それらの観察、実験などに関する技能を身に付けること。
(ア) 物質のすがた
㋐身の回りの物質とその性質
身の回りの物質の性質を様々な方法で調べる実験を行い、物質には密度や加熱したときの変化など固有の性質と共通の性質があることを見いだして理解するとともに、実験器具の操作、記録の仕方などの技能を身に付けること。
㋑気体の発生と性質
気体を発生させてその性質を調べる実験を行い、気体の種類による特性を理解するとともに、気体を発生させる方法や捕集法などの技能を身に付けること。
(イ) 水溶液
㋐水溶液
水溶液から溶質を取り出す実験を行い、その結果を溶解度と関連付けて理解すること。
(ウ) 状態変化
㋐状態変化と熱
物質の状態変化についての観察、実験を行い、状態変化によって物質の体積は変化するが質量は変化しないことを見いだして理解すること。
㋑物質の融点と沸点
物質は融点や沸点を境に状態が変化することを知るとともに、混合物を加熱する実験を行い、沸点の違いによって物質の分離ができることを見いだして理解すること。
イ　身の回りの物質について、問題を見いだし見通しをもって観察、実験などを行い、物質の性質や状態変化における規則性を見いだして表現すること。
(3) 電流とその利用
電流とその利用についての観察、実験などを通して、次の事項を身に付けることができるよう指導する。
ア　電流、磁界に関する事物・現象を日常生活や社会と関連付けながら、次のことを理解するとともに、それらの観察、実験などに関する技能を身に付けること。
(ア) 電流
㋐回路と電流・電圧
回路をつくり、回路の電流や電圧を測定する実験を行い、回路の各点を流れる電流や各部に加わる電圧についての規則性を見いだして理解すること。
㋑電流・電圧と抵抗
金属線に加わる電圧と電流を測定する実験を行い、電圧と電流の関係を見いだして理解するとともに、金属線には電気抵抗があることを理解すること。

㋒電気とそのエネルギー
電流によって熱や光などを発生させる実験を行い、熱や光などが取り出せること及び電力の違いによって発生する熱や光などの量に違いがあることを見いだして理解すること。
㋓静電気と電流
異なる物質同士をこすり合わせると静電気が起こり、帯電した物体間では空間を隔てて力が働くこと及び静電気と電流には関係があることを見いだして理解すること。
（イ）電流と磁界
㋐電流がつくる磁界
磁石や電流による磁界の観察を行い、磁界を磁力線で表すことを理解するとともに、コイルの回りに磁界ができることを知ること。
㋑磁界中の電流が受ける力
磁石とコイルを用いた実験を行い、磁界中のコイルに電流を流すと力が働くことを見いだして理解すること。
㋒電磁誘導と発電
磁石とコイルを用いた実験を行い、コイルや磁石を動かすことにより電流が得られることを見いだして理解するとともに、直流と交流の違いを理解すること。
イ　電流、磁界に関する現象について、見通しをもって解決する方法を立案して観察、実験などを行い、その結果を分析して解釈し、電流と電圧、電流の働き、静電気、電流と磁界の規則性や関係性を見いだして表現すること。
⑷ 化学変化と原子・分子
化学変化についての観察、実験などを通して、次の事項を身に付けることができるよう指導する。
ア　化学変化を原子や分子のモデルと関連付けながら、次のことを理解するとともに、それらの観察、実験などに関する技能を身に付けること。
（ア）物質の成り立ち
㋐物質の分解
物質を分解する実験を行い、分解して生成した物質は元の物質とは異なることを見いだして理解すること。
㋑原子・分子
物質は原子や分子からできていることを理解するとともに、物質を構成する原子の種類は記号で表されることを知ること。
（イ）化学変化
㋐化学変化
２種類の物質を反応させる実験を行い、反応前とは異なる物質が生成することを見いだして理解するとともに、化学変化は原子や分子のモデルで説明できること、化合物の組成は化学式で表されること及び化学変化は化学反応式で表されることを理解すること。
㋑化学変化における酸化と還元
酸化や還元の実験を行い、酸化や還元は酸素が関係する反応であることを見いだして理解すること。
㋒化学変化と熱
化学変化によって熱を取り出す実験を行い、化学変化には熱の出入りが伴うことを見いだして理解すること。
（ウ）化学変化と物質の質量
㋐化学変化と質量の保存
化学変化の前後における物質の質量を測定する実験を行い、反応物の質量の総和と生成物の質量の総和が等しいことを見いだして理解すること。
㋑質量変化の規則性
化学変化に関係する物質の質量を測定する実験を行い、反応する物質の質量の間には一定の関係があることを見いだして理解すること。
イ　化学変化について、見通しをもって解決する方法を立案して観察、実験などを行い、原子や分子と関連付けてその結果を分析して解釈し、化学変化における物質の変化やその量的な関係を見いだして表現すること。
⑸ 運動とエネルギー
物体の運動とエネルギーについての観察、実験などを通して、次の事項を身に付けることができるよう指導する。
ア　物体の運動とエネルギーを日常生活や社会と関連付けながら、次のことを理解するとともに、それらの観察、実験などに関する技能を身に付けること。
（ア）力のつり合いと合成・分解
㋐水中の物体に働く力
水圧についての実験を行い、その結果を水の重さと関連付けて理解すること。また、水中にある物体には浮力が働くことを知ること。
㋑力の合成・分解
力の合成と分解についての実験を行い、合力や分力の規則性を理解すること。
（イ）運動の規則性
㋐運動の速さと向き
物体の運動についての観察、実験を行い、運動には速さと向きがあることを知ること。
㋑力と運動
物体に力が働く運動及び力が働かない運動についての観察、実験を行い、力が働く運動では運動の向きや時間の経過に伴って物体の速さが変わること及び力が働かない運動では物体は等速直線運動することを見いだして理解すること。
（ウ）力学的エネルギー
㋐仕事とエネルギー
仕事に関する実験を行い、仕事と仕事率について理解すること。また、衝突の実験を行い、物体のもつ力学的エネルギーは物体が他の物体になしうる仕事で測れることを理解すること。
㋑力学的エネルギーの保存
力学的エネルギーに関する実験を行い、運動エネルギーと位置エネルギーが相互に移り変わることを見いだして理解するとともに、力学的エネルギーの総量が保存されることを理解すること。
イ　運動とエネルギーについて、見通しをもって観察、実験などを行い、その結果を分析して解釈し、力のつり合い、合成や分解、物体の運動、力学的エネルギーの規則性や関係性を見いだして表現すること。また、探究の過程を振り返ること。
⑹ 化学変化とイオン
化学変化についての観察、実験などを通して、次の事項を身に付けることができるよう指導する。
ア　化学変化をイオンのモデルと関連付けながら、次のことを理解するとともに、それらの観察、実験などに関する技能を身に付けること。
（ア）水溶液とイオン
㋐原子の成り立ちとイオン
水溶液に電圧をかけ電流を流す実験を行い、水溶液には電流が流れるものと流れないものとがあることを見いだして理解すること。また、電解質水溶液に電圧をかけ電流を流す実験を行い、電極に物質が生成することからイオンの存在を知るとともに、イオンの生成が原子の成り立ちに関係することを知ること。
㋑酸・アルカリ
酸とアルカリの性質を調べる実験を行い、酸とアルカリのそれぞれの特性が水素イオンと水酸化物イオンによることを知ること。
㋒中和と塩
中和反応の実験を行い、酸とアルカリを混ぜると水と塩が生成することを理解すること。
（イ）化学変化と電池
㋐金属イオン
金属を電解質水溶液に入れる実験を行い、金属によってイオンへのなりやすさが異なることを見いだして理解すること。
㋑化学変化と電池
電解質水溶液と２種類の金属などを用いた実験を行い、電池の基本的な仕組みを理解するとともに、化学エネルギーが電気エネルギーに変換されていることを知ること。
イ　化学変化について、見通しをもって観察、実験などを行い、イオンと関連付けてその結果を分析して解釈し、化学変化における規則性や関係性を見いだして表現すること。また、探究の過程を振り返ること。
⑺ 科学技術と人間
科学技術と人間との関わりについての観察、実験などを通して、次の事項を身に付けることができるよう指導する。
ア　日常生活や社会と関連付けながら、次のことを理解するとともに、それらの観察、実験などに関する技能を身に付けること。
（ア）エネルギーと物質
㋐エネルギーとエネルギー資源
様々なエネルギーとその変換に関する観察、実験などを通して、日常生活や社会では様々なエネルギーの変換を利用していることを見いだして理解すること。また、人間は、水力、火力、原子力、太陽光などからエネルギーを得ていることを知るとともに、エネルギー資源の有効な利用が大切であることを認識すること。
㋑様々な物質とその利用
物質に関する観察、実験などを通して、日常生活や社会では、様々な物質が幅広く利用されていることを理解するとともに、物質の有効な利用が大切であることを認識すること。
㋒科学技術の発展
科学技術の発展の過程を知るとともに、科学技術が人間の生活を豊かで便利にしていることを認識すること。
（イ）自然環境の保全と科学技術の利用
㋐自然環境の保全と科学技術の利用
自然環境の保全と科学技術の利用の在り方について科学的に考察することを通して、持続可能な社会をつくることが重要であることを認識すること。
イ　日常生活や社会で使われているエネルギーや物質について、見通しをもって観察、実験などを行い、その結果を分析して解釈するとともに、自然環境の保全と科学技術の利用の在り方について、科学的に考察して判断すること。

3　内容の取扱い

⑴ 内容の⑴から⑺までについては、それぞれのアに示す知識及び技能とイに示す思考力、判断力、表現力等とを相互に関連させながら、３年間を通じて科学的に探究するために必要な資質・能力の育成を目指すものとする。
⑵ 内容の⑴から⑺までのうち、⑴及び⑵は第１学年、⑶及び⑷は第２学年、⑸から⑺までは第３学年で取り扱うものとする。
⑶ 内容の⑴については、次のとおり取り扱うものとする。
ア　アの（ア）の㋐については、全反射も扱い、光の屈折では入射角と屈折角の定性的な関係にも触れること。また、白色光はプリズムなどによっていろいろな色の光に分かれることにも触れること。
イ　アの（ア）の㋑については、物体の位置に対する像の位置や像の大きさの定性的な関係を調べること。その際、実像と虚像を扱うこと。
ウ　アの（ア）の㋒については、音の伝わる速さについて、空気中を伝わるおよその速さにも触れること。
エ　アの（イ）の㋐については、ばねに加える力の大きさとばねの伸びとの関係も扱うこと。また、重さと質量との違いにも触れること。力の単位としては「ニュートン」を用いること。
⑷ 内容の⑵については、次のとおり取り扱うものとする。

ア　アの（ア）の㋐については、有機物と無機物との違いや金属と非金属との違いを扱うこと。
イ　アの（ア）の㋑については、異なる方法を用いても同一の気体が得られることにも触れること。
ウ　アの（イ）の㋐については、粒子のモデルと関連付けて扱い、質量パーセント濃度にも触れること。また、「溶解度」については、溶解度曲線にも触れること。
エ　アの（ウ）の㋐については、粒子のモデルと関連付けて扱うこと。その際、粒子の運動にも触れること。

(5) 内容の(3)については、次のとおり取り扱うものとする。
ア　アの（ア）の㋐の「回路」については、直列及び並列の回路を取り上げ、それぞれについて二つの抵抗のつなぎ方を中心に扱うこと。
イ　アの（ア）の㋑の「電気抵抗」については、物質の種類によって抵抗の値が異なることを扱うこと。また、二つの抵抗をつなぐ場合の合成抵抗にも触れること。
ウ　アの（ア）の㋒については、電力量も扱うこと。その際、熱量にも触れること。
エ　アの（ア）の㋓については、電流が電子の流れに関係していることを扱うこと。また、真空放電と関連付けながら放射線の性質と利用にも触れること。
オ　アの（イ）の㋑については、電流の向きや磁界の向きを変えたときに力の向きが変わることを扱うこと。
カ　アの（イ）の㋒については、コイルや磁石を動かす向きを変えたときに電流の向きが変わることを扱うこと。

(6) 内容の(4)については、次のとおり取り扱うものとする。
ア　アの（ア）の㋑の「物質を構成する原子の種類」を元素ということにも触れること。また、「記号」については、元素記号で表されることにも触れ、基礎的なものを取り上げること。その際、周期表を用いて多くの種類が存在することにも触れること。
イ　アの（イ）の㋐の「化学式」及び「化学反応式」については、簡単なものを扱うこと。
ウ　アの（イ）の㋑の「酸化や還元」については、簡単なものを扱うこと。

(7) 内容の(5)については、次のとおり取り扱うものとする。
ア　アの（ア）の㋐については、水中にある物体には、あらゆる向きから圧力が働くことにも触れること。また、物体に働く水圧と浮力との定性的な関係にも触れること。
イ　アの（イ）の㋐については、物体に力が働くとき反対向きにも力が働くことにも触れること。
ウ　アの（イ）の㋑の「力が働く運動」のうち、落下運動については斜面に沿った運動を中心に扱うこと。その際、斜面の角度が 90 度になったときに自由落下になることにも触れること。「物体の速さが変わること」については、定性的に扱うこと。
エ　アの（ウ）の㋐については、仕事の原理にも触れること。
オ　アの（ウ）の㋑については、摩擦にも触れること。

(8) 内容の(6)については、次のとおり取り扱うものとする。
ア　アの（ア）の㋐の「原子の成り立ち」については、原子が電子と原子核からできていることを扱うこと。その際、原子核が陽子と中性子でできていることや、同じ元素でも中性子の数が異なる原子があることにも触れること。また、「イオン」については、化学式で表されることにも触れること。
イ　アの（ア）の㋑については、pH にも触れること。
ウ　アの（ア）の㋒については、水に溶ける塩と水に溶けない塩があることにも触れること。
エ　アの（イ）の㋐の「金属イオン」については、基礎的なものを扱うこと。
オ　アの（イ）の㋑の「電池」については、電極で起こる反応をイオンのモデルと関連付けて扱うこと。その際、「電池の基本的な仕組み」については、ダニエル電池を取り上げること。また、日常生活や社会で利用されている代表的な電池にも触れること。

(9) 内容の(7)については、次のとおり取り扱うものとする。
ア　アの（ア）の㋐については、熱の伝わり方、放射線にも触れること。また、「エネルギーの変換」については、その総量が保存されること及びエネルギーを利用する際の効率も扱うこと。
イ　アの（ア）の㋑の「様々な物質」については、天然の物質や人工的につくられた物質のうち代表的なものを扱うこと。その際、プラスチックの性質にも触れること。
ウ　アの（イ）の㋐については、これまでの第１分野と第２分野の学習を生かし、第２分野の内容の(7)のアの（イ）の㋐及びイと関連付けて総合的に扱うこと。

〔第２分野〕

１　目　標

生命や地球に関する事物・現象を科学的に探究するために必要な資質・能力を次のとおり育成することを目指す。

(1) 生命や地球に関する事物・現象についての観察、実験などを行い、生物の体のつくりと働き、生命の連続性、大地の成り立ちと変化、気象とその変化、地球と宇宙などについて理解するとともに、科学的に探究するために必要な観察、実験などに関する基本的な技能を身に付けるようにする。
(2) 生命や地球に関する事物・現象に関わり、それらの中に問題を見いだし見通しをもって観察、実験などを行い、その結果を分析して解釈し表現するなど、科学的に探究する活動を通して、多様性に気付くとともに規則性を見いだしたり課題を解決したりする力を養う。
(3) 生命や地球に関する事物・現象に進んで関わり、科学的に探究しようとする態度と、生命を尊重し、自然環境の保全に寄与する態度を養うとともに、自然を総合的に見ることができるようにする。

２　内　容

(1) いろいろな生物とその共通点

身近な生物についての観察、実験などを通して、次の事項を身に付けることができるよう指導する。

ア　いろいろな生物の共通点と相違点に着目しながら、次のことを理解するとともに、それらの観察、実験などに関する技能を身に付けること。
（ア）生物の観察と分類の仕方

㋐生物の観察
校庭や学校周辺の生物の観察を行い、いろいろな生物が様々な場所で生活していることを見いだして理解するとともに、観察器具の操作、観察記録の仕方などの技能を身に付けること。
㋑生物の特徴と分類の仕方
いろいろな生物を比較して見いだした共通点や相違点を基にして分類できることを理解するとともに、分類の仕方の基礎を身に付けること。
(イ) 生物の体の共通点と相違点
㋐植物の体の共通点と相違点
身近な植物の外部形態の観察を行い、その観察記録などに基づいて、共通点や相違点があることを見いだして、植物の体の基本的なつくりを理解すること。また、その共通点や相違点に基づいて植物が分類できることを見いだして理解すること。
㋑動物の体の共通点と相違点
身近な動物の外部形態の観察を行い、その観察記録などに基づいて、共通点や相違点があることを見いだして、動物の体の基本的なつくりを理解すること。また、その共通点や相違点に基づいて動物が分類できることを見いだして理解すること。
イ　身近な生物についての観察、実験などを通して、いろいろな生物の共通点や相違点を見いだすとともに、生物を分類するための観点や基準を見いだして表現すること。
(2) 大地の成り立ちと変化
大地の成り立ちと変化についての観察、実験などを通して、次の事項を身に付けることができるよう指導する。
ア　大地の成り立ちと変化を地表に見られる様々な事物・現象と関連付けながら、次のことを理解するとともに、それらの観察、実験などに関する技能を身に付けること。
(ア) 身近な地形や地層、岩石の観察
㋐身近な地形や地層、岩石の観察
身近な地形や地層、岩石などの観察を通して、土地の成り立ちや広がり、構成物などについて理解するとともに、観察器具の操作、記録の仕方などの技能を身に付けること。
(イ) 地層の重なりと過去の様子
㋐地層の重なりと過去の様子
地層の様子やその構成物などから地層のでき方を考察し、重なり方や広がり方についての規則性を見いだして理解するとともに、地層とその中の化石を手掛かりとして過去の環境と地質年代を推定できることを理解すること。
(ウ) 火山と地震
㋐火山活動と火成岩
火山の形、活動の様子及びその噴出物を調べ、それらを地下のマグマの性質と関連付けて理解するとともに、火山岩と深成岩の観察を行い、それらの組織の違いを成因と関連付けて理解すること。
㋑地震の伝わり方と地球内部の働き
地震の体験や記録を基に、その揺れの大きさや伝わり方の規則性に気付くとともに、地震の原因を地球内部の働きと関連付けて理解し、地震に伴う土地の変化の様子を理解すること。
(エ) 自然の恵みと火山災害・地震災害
㋐自然の恵みと火山災害・地震災害
自然がもたらす恵み及び火山災害と地震災害について調べ、これらを火山活動や地震発生の仕組みと関連付けて理解すること。
イ　大地の成り立ちと変化について、問題を見いだし見通しをもって観察、実験などを行い、地層の重なり方や広がり方の規則性、地下のマグマの性質と火山の形との関係性などを見いだして表現すること。
(3) 生物の体のつくりと働き
生物の体のつくりと働きについての観察、実験などを通して、次の事項を身に付けることができるよう指導する。
ア　生物の体のつくりと働きとの関係に着目しながら、次のことを理解するとともに、それらの観察、実験などに関する技能を身に付けること。
(ア) 生物と細胞
㋐生物と細胞
生物の組織などの観察を行い、生物の体が細胞からできていること及び植物と動物の細胞のつくりの特徴を見いだして理解するとともに、観察器具の操作、観察記録の仕方などの技能を身に付けること。
(イ) 植物の体のつくりと働き
㋐葉・茎・根のつくりと働き
植物の葉、茎、根のつくりについての観察を行い、それらのつくりと、光合成、呼吸、蒸散の働きに関する実験の結果とを関連付けて理解すること。
(ウ) 動物の体のつくりと働き
㋐生命を維持する働き
消化や呼吸についての観察、実験などを行い、動物の体が必要な物質を取り入れ運搬している仕組みを観察、実験の結果などと関連付けて理解すること。また、不要となった物質を排出する仕組みがあることについて理解すること。
㋑刺激と反応
動物が外界の刺激に適切に反応している様子の観察を行い、その仕組みを感覚器官、神経系及び運動器官のつくりと関連付けて理解すること。
イ　身近な植物や動物の体のつくりと働きについて、見通しをもって解決する方法を立案して観察、実験などを行い、その結果を分析して解釈し、生物の体のつくりと働きについての規則性や関係性を見いだして表現すること。
(4) 気象とその変化

身近な気象の観察、実験などを通して、次の事項を身に付けることができるよう指導する。
ア　気象要素と天気の変化との関係に着目しながら、次のことを理解するとともに、それらの観察、実験などに関する技能を身に付けること。
(ア) 気象観測
㋐気象要素
気象要素として、気温、湿度、気圧、風向などを理解すること。また、気圧を取り上げ、圧力についての実験を行い、圧力は力の大きさと面積に関係があることを見いだして理解するとともに、大気圧の実験を行い、その結果を空気の重さと関連付けて理解すること。
㋑気象観測
校庭などで気象観測を継続的に行い、その観測記録などに基づいて、気温、湿度、気圧、風向などの変化と天気との関係を見いだして理解するとともに、観測方法や記録の仕方を身に付けること。
(イ) 天気の変化
㋐霧や雲の発生
霧や雲の発生についての観察、実験を行い、そのでき方を気圧、気温及び湿度の変化と関連付けて理解すること。
㋑前線の通過と天気の変化
前線の通過に伴う天気の変化の観測結果などに基づいて、その変化を暖気、寒気と関連付けて理解すること。
(ウ) 日本の気象
㋐日本の天気の特徴
天気図や気象衛星画像などから、日本の天気の特徴を気団と関連付けて理解すること。
㋑大気の動きと海洋の影響
気象衛星画像や調査記録などから、日本の気象を日本付近の大気の動きや海洋の影響に関連付けて理解すること。
(エ) 自然の恵みと気象災害
㋐自然の恵みと気象災害
気象現象がもたらす恵みと気象災害について調べ、これらを天気の変化や日本の気象と関連付けて理解すること。
イ　気象とその変化について、見通しをもって解決する方法を立案して観察、実験などを行い、その結果を分析して解釈し、天気の変化や日本の気象についての規則性や関係性を見いだして表現すること。

⑸ 生命の連続性
生命の連続性についての観察、実験などを通して、次の事項を身に付けることができるよう指導する。
ア　生命の連続性に関する事物・現象の特徴に着目しながら、次のことを理解するとともに、それらの観察、実験などに関する技能を身に付けること。
(ア) 生物の成長と殖え方
㋐細胞分裂と生物の成長
体細胞分裂の観察を行い、その順序性を見いだして理解するとともに、細胞の分裂と生物の成長とを関連付けて理解すること。
㋑生物の殖え方
生物の殖え方を観察し、有性生殖と無性生殖の特徴を見いだして理解するとともに、生物が殖えていくときに親の形質が子に伝わることを見いだして理解すること。
(イ) 遺伝の規則性と遺伝子
㋐遺伝の規則性と遺伝子
交配実験の結果などに基づいて、親の形質が子に伝わるときの規則性を見いだして理解すること。
(ウ) 生物の種類の多様性と進化
㋐生物の種類の多様性と進化
現存の生物及び化石の比較などを通して、現存の多様な生物は過去の生物が長い時間の経過の中で変化して生じてきたものであることを体のつくりと関連付けて理解すること。
イ　生命の連続性について、観察、実験などを行い、その結果や資料を分析して解釈し、生物の成長と殖え方、遺伝現象、生物の種類の多様性と進化についての特徴や規則性を見いだして表現すること。また、探究の過程を振り返ること。

⑹ 地球と宇宙
身近な天体の観察、実験などを通して、次の事項を身に付けることができるよう指導する。
ア　身近な天体とその運動に関する特徴に着目しながら、次のことを理解するとともに、それらの観察、実験などに関する技能を身に付けること。
(ア) 天体の動きと地球の自転・公転
㋐日周運動と自転
天体の日周運動の観察を行い、その観察記録を地球の自転と関連付けて理解すること。
㋑年周運動と公転
星座の年周運動や太陽の南中高度の変化などの観察を行い、その観察記録を地球の公転や地軸の傾きと関連付けて理解すること。
(イ) 太陽系と恒星
㋐太陽の様子
太陽の観察を行い、その観察記録や資料に基づいて、太陽の特徴を見いだして理解すること。
㋑惑星と恒星
観測資料などを基に、惑星と恒星などの特徴を見いだして理解するとともに、太陽系の構造について理解すること。
㋒月や金星の運動と見え方
月の観察を行い、その観察記録や資料に基づいて、月の公転と見え方を関連付けて理解すること。また、金星の観測資料などを基に、金星の公転と見え方を関連付けて理解すること。

イ　地球と宇宙について、天体の観察、実験などを行い、その結果や資料を分析して解釈し、天体の運動と見え方についての特徴や規則性を見いだして表現すること。また、探究の過程を振り返ること。

(7) 自然と人間

自然環境を調べる観察、実験などを通して、次の事項を身に付けることができるよう指導する。

ア　日常生活や社会と関連付けながら、次のことを理解するとともに、自然環境を調べる観察、実験などに関する技能を身に付けること。

（ア）生物と環境

㋐自然界のつり合い

微生物の働きを調べ、植物、動物及び微生物を栄養の面から相互に関連付けて理解するとともに、自然界では、これらの生物がつり合いを保って生活していることを見いだして理解すること。

㋑自然環境の調査と環境保全

身近な自然環境について調べ、様々な要因が自然界のつり合いに影響していることを理解するとともに、自然環境を保全することの重要性を認識すること。

㋒地域の自然災害

地域の自然災害について、総合的に調べ、自然と人間との関わり方について認識すること。

（イ）自然環境の保全と科学技術の利用

㋐自然環境の保全と科学技術の利用

自然環境の保全と科学技術の利用の在り方について科学的に考察することを通して、持続可能な社会をつくることが重要であることを認識すること。

イ　身近な自然環境や地域の自然災害などを調べる観察、実験などを行い、自然環境の保全と科学技術の利用の在り方について、科学的に考察して判断すること。

3　内容の取扱い

(1) 内容の(1)から(7)までについては、それぞれのアに示す知識及び技能とイに示す思考力、判断力、表現力等とを相互に関連させながら、３年間を通じて科学的に探究するために必要な資質・能力の育成を目指すものとする。

(2) 内容の(1)から(7)までのうち、(1)及び(2)は第１学年、(3)及び(4)は第２学年、(5)から(7)までは第３学年で取り扱うものとする。

(3) 内容の(1)については、次のとおり取り扱うものとする。

ア　アの（ア）の㋐については、身近な生物の観察を扱うが、ルーペや双眼実体顕微鏡などを用いて、外見から観察できる体のつくりを中心に扱うこと。

イ　アの（イ）の㋐については、花のつくりを中心に扱い、種子植物が被子植物と裸子植物に分類できることを扱うこと。その際、胚（はい）珠が種子になることにも触れること。また、被子植物が単子葉類と双子葉類に分類できることについては、葉のつくりを中心に扱うこと。なお、種子をつくらない植物が胞子をつくることにも触れること。

ウ　アの（イ）の㋑については、脊椎動物と無脊椎動物の違いを中心に扱うこと。脊椎動物については、ヒトや魚を例に、体のつくりの共通点としての背骨の存在について扱うこと。また、体の表面の様子や呼吸の仕方などの特徴を基準として分類できることを扱うこと。無脊椎動物については、節足動物や軟体動物の観察を行い、それらの動物と脊椎動物の体のつくりの特徴を比較し、その共通点と相違点を扱うこと。

(4) 内容の(2)については、次のとおり取り扱うものとする。

ア　アの（ア）の㋐の「身近な地形や地層、岩石などの観察」については、学校内外の地形や地層、岩石などを観察する活動とすること。

イ　アの（イ）の㋐については、地層を形成している代表的な堆積岩も取り上げること。「地層」については、断層、褶（しゅう）曲にも触れること。「化石」については、示相化石及び示準化石を取り上げること。「地質年代」の区分は、古生代、中生代、新生代を取り上げること。

ウ　アの（ウ）の㋐の「火山」については、粘性と関係付けながら代表的な火山を扱うこと。「マグマの性質」については、粘性を扱うこと。「火山岩」及び「深成岩」については、代表的な岩石を扱うこと。また、代表的な造岩鉱物も扱うこと。

エ　アの（ウ）の㋑については、地震の現象面を中心に扱い、初期微動継続時間と震源までの距離との定性的な関係にも触れること。また、「地球内部の働き」については、日本付近のプレートの動きを中心に扱い、地球規模でのプレートの動きにも触れること。その際、津波発生の仕組みについても触れること。

オ　アの（エ）の㋐の「火山災害と地震災害」については、記録や資料などを用いて調べること。

(5) 内容の(3)については、次のとおり取り扱うものとする。

ア　アの（ア）の㋐については、植物と動物の細胞のつくりの共通点と相違点について触れること。また、細胞の呼吸及び単細胞生物の存在にも触れること。

イ　アの（イ）の㋐については、光合成における葉緑体の働きにも触れること。また、葉、茎、根の働きを相互に関連付けて扱うこと。

ウ　アの（ウ）の㋐については、各器官の働きを中心に扱うこと。「消化」については、代表的な消化酵素の働きを扱うこと。また、摂取された食物が消化によって小腸の壁から吸収される物質になることにも触れること。血液の循環に関連して、血液成分の働き、腎臓や肝臓の働きにも触れること。

エ　アの（ウ）の㋑については、各器官の働きを中心に扱うこと。

(6) 内容の(4)については、次のとおり取り扱うものとする。

ア　アの（ア）の㋐の「大気圧」については、空気中にある物体にはあらゆる向きから圧力が働くことにも触れること。

イ　アの（イ）の㋐については、気温による飽和水蒸気量の変化が湿度の変化や凝結に関わりがあることを扱うこと。また、水の循環にも触れること。

ウ　アの（イ）の㋑については、風の吹き方にも触れること。

エ　アの（ウ）の㋑については、地球を取り巻く大気の動きにも触れること。また、地球の大きさや大気の厚さにも触れること。
オ　アの（エ）の㋐の「気象災害」については、記録や資料などを用いて調べること。
(7) 内容の(5)については、次のとおり取り扱うものとする。
ア　アの（ア）の㋐については、染色体が複製されることにも触れること。
イ　アの（ア）の㋑については、有性生殖の仕組みを減数分裂と関連付けて扱うこと。「無性生殖」については、単細胞生物の分裂や栄養生殖にも触れること。
ウ　アの（イ）の㋐については、分離の法則を扱うこと。また、遺伝子の本体がDNAであることにも触れること。
エ　アの（ウ）の㋐については、進化の証拠とされる事柄や進化の具体例について扱うこと。その際、生物にはその生息環境での生活に都合のよい特徴が見られることにも触れること。また、遺伝子に変化が起きて形質が変化することがあることにも触れること。
(8) 内容の(6)については、次のとおり取り扱うものとする。
ア　アの（ア）の㋑の「太陽の南中高度の変化」については、季節による昼夜の長さや気温の変化にも触れること。
イ　アの（イ）の㋐の「太陽の特徴」については、形、大きさ、表面の様子などを扱うこと。その際、太陽から放出された多量の光などのエネルギーによる地表への影響にも触れること。
ウ　アの（イ）の㋑の「惑星」については、大きさ、大気組成、表面温度、衛星の存在などを取り上げること。その際、地球には生命を支える条件が備わっていることにも触れること。「恒星」については、自ら光を放つことや太陽もその一つであることも扱うこと。その際、恒星の集団としての銀河系の存在にも触れること。「太陽系の構造」については、惑星以外の天体が存在することにも触れること。
エ　アの（イ）の㋒の「月の公転と見え方」については、月の運動と満ち欠けを扱うこと。その際、日食や月食にも触れること。また、「金星の公転と見え方」については、金星の運動と満ち欠けや見かけの大きさを扱うこと。
(9) 内容の(7)については、次のとおり取り扱うものとする。
ア　アの（ア）の㋐については、生態系における生産者と消費者との関係を扱うこと。また、分解者の働きについても扱うこと。その際、土壌動物にも触れること。
イ　アの（ア）の㋑については、生物や大気、水などの自然環境を直接調べたり、記録や資料を基に調べたりするなどの活動を行うこと。また、気候変動や外来生物にも触れること。
ウ　アの（ア）の㋒については、地域の自然災害を調べたり、記録や資料を基に調べたりするなどの活動を行うこと。
エ　アの（イ）の㋐については、これまでの第1分野と第2分野の学習を生かし、第1分野の内容の(7)のアの（イ）の㋐及びイと関連付けて総合的に扱うこと。

第3　指導計画の作成と内容の取扱い

1　指導計画の作成に当たっては、次の事項に配慮するものとする。
(1) 単元など内容や時間のまとまりを見通して、その中で育む資質・能力の育成に向けて、生徒の主体的・対話的で深い学びの実現を図るようにすること。その際、理科の学習過程の特質を踏まえ、理科の見方・考え方を働かせ、見通しをもって観察、実験を行うことなどの科学的に探究する学習活動の充実を図ること。
(2) 各学年においては、年間を通じて、各分野におよそ同程度の授業時数を配当すること。その際、各分野間及び各項目間の関連を十分考慮して、各分野の特徴的な見方・考え方を総合的に働かせ、自然の事物・現象を科学的に探究するために必要な資質・能力を養うことができるようにすること。
(3) 学校や生徒の実態に応じ、十分な観察や実験の時間、課題解決のために探究する時間などを設けるようにすること。その際、問題を見いだし観察、実験を計画する学習活動、観察、実験の結果を分析し解釈する学習活動、科学的な概念を使用して考えたり説明したりする学習活動などが充実するようにすること。
(4) 日常生活や他教科等との関連を図ること。
(5) 障害のある生徒などについては、学習活動を行う場合に生じる困難さに応じた指導内容や指導方法の工夫を計画的、組織的に行うこと。
(6) 第1章総則の第1の2の(2)に示す道徳教育の目標に基づき、道徳科などとの関連を考慮しながら、第3章特別の教科道徳の第2に示す内容について、理科の特質に応じて適切な指導をすること。
2　第2の内容の取扱いについては、次の事項に配慮するものとする。
(1) 観察、実験、野外観察を重視するとともに、地域の環境や学校の実態を生かし、自然の事物・現象についての基本的な概念の形成及び科学的に探究する力と態度の育成が段階的に無理なく行えるようにすること。
(2) 生命を尊重し、自然環境の保全に寄与する態度を養うようにすること。
(3) 1の(3)の学習活動を通して、言語活動が充実するようにすること。
(4) 各分野の指導に当たっては、観察、実験の過程での情報の検索、実験、データの処理、実験の計測などにおいて、コンピュータや情報通信ネットワークなどを積極的かつ適切に活用するようにすること。
(5) 指導に当たっては、生徒が学習の見通しを立てたり学習したことを振り返ったりする活動を計画的に取り入れるよう工夫すること。
(6) 原理や法則の理解を深めるためのものづくりを、各内容の特質に応じて適宜行うようにすること。
(7) 継続的な観察や季節を変えての定点観測を、各内容の特質に応じて適宜行うようにすること。
(8) 観察、実験、野外観察などの体験的な学習活動の充実に配慮すること。また、環境整備に十分配慮すること。
(9) 博物館や科学学習センターなどと積極的に連携、協力を図るようにすること。
(10) 科学技術が日常生活や社会を豊かにしていることや安全性の向上に役立っていることに触れること。また、理科で学習することが様々な職業などと関係していることにも触れること。
3　観察、実験、野外観察の指導に当たっては、特に事故防止に十分留意するとともに、使用薬品の管理及び廃棄についても適切な措置をとるよう配慮するものとする。

あとがき

本書は、知・徳・体にわたる「生きる力」を子どもたちに育むために、「何のために学ぶのか」という各教科等を学ぶ意義を明らかにするという問題意識のもとに、

「何のために教育を行うのか（教育の目的）」

「何を教えるのか（教育の目標）」

「義務教育で何を教えるのか（義務教育の目標）」

「教科の名称」

「学校教育で目指す学力」

という教育基本法、学校教育法、同施行規則などの法的なものを基準に理科教育に関する本質的な議論を展開しました。

本書の章はアカデミックに構成して、内容は誰でも分かるように、できるだけ平易に書いたつもりです。

本書は、日本の小学校の理科教育が人間性の育成を目指していることを顕在化するため、理科の基盤となる自然科学の目的や目標、方法、理論や概念、さらに観察する事実など、科学哲学や自然科学概論の知見をもとに論を展開し、平易に解説しました。このことによって、理科教育の意義や価値は理解していただけると思います。

現在、教員養成の修士レベル化ということが問題になっています。この修士レベル化では、自立的実践者としての教員が求められています。自立的な実践者とは、実践の中から問題を見いだし、それを解決していくという実践手法を獲得している実践者を意味します。したがって、これからの実践者は、日々実践をするだけに価値をおくのではなく、実践手法により、絶えず、理論をもとに実践を改良できることが求められています。

上述の時代背景をも考慮し、本書を完成させました。この完成に当たっては、文溪堂の勅使川原さんには特にお世話になりました。記して、感謝の意を表します。

2019年３月

角屋　重樹

著者紹介
角屋 重樹（かどや・しげき）

昭和24年三重県生まれ。広島大学大学院教育学研究科教科教育学（理科教育）専攻博士課程単位取得退学。博士（教育学）。広島大学教育学部助手、宮崎大学教育学部助教授、文部省初等中等教育局教科調査官、広島大学教育学部教授、広島大学大学院教育学研究科教授、国立教育政策研究所教育課程研究センター基礎研究部部長を経て、現在、日本体育大学大学院教育学研究科長、広島大学名誉教授、国立教育政策研究所名誉所員、日本教科教育学会常任理事。

〔著書〕

『理科学習指導の革新』東洋館出版社、『新しい理科教育の理論と実践の方法』（編著）現代教育社、『小学校理科の単元展開　本物の学力』日経BP社、『小学校新教育課程 教科・領域の改訂解説』（共著）明治図書、『活用力を育てる授業の考え方と実践』（共著）図書文化、『新教育課程で充実すべき重点・改善事項』（共著）ぎょうせい、『学習指導要領の解説と展開』（共著）教育出版、『小学校理科 確かな学力を育てるPISA型授業づくり』明治図書、『小学校理科 重点指導事項の実践開発』（編著）明治図書、『新理科の考え方と授業展開』（編著）文溪堂、『新理科で問題解決の授業をどうつくるか』（共著）明治図書、『「ことば」で伸ばす子どもの学力』（共編著）ぎょうせい、『改訂 実践教育評価事典』（共著）文溪堂、『新しい学びを拓く理科 授業の理論と実践』（編著）ミネルバ書房、『言語活動実践ガイド―思考力・判断力・表現力を高める「ひろしま型カリキュラム」―』（共著）ぎょうせい、『今なぜ、教科教育なのか』（共著）文溪堂、『新学習指導要領における資質・能力と思考力・判断力・表現力』（編集代表）文溪堂　など多数

改訂版 なぜ、理科を教えるのか　理科教育がわかる教科書

2019年4月　第1刷発行
2021年11月 第2刷発行
2024年10月 第3刷発行

著　者　角屋　重樹

発行者　水谷　泰三

発行所　株式会社文溪堂

［東京本社］東京都文京区大塚3-16-12　〒112-8635
TEL 03-5976-1311（代）
［岐阜本社］岐阜県羽島市江吉良町江中7-1　〒501-6297
TEL 058-398-1111（代）
［大阪支社］大阪府東大阪市今米2-7-24　〒578-0903
TEL 072-966-2111（代）
ぶんけいホームページ　http://www.bunkei.co.jp/

印刷・製本　株式会社　太洋社 ／ 編集協力　（株）東図企画　株式会社イシュー

ISBN　978-4-7999-0329-2　NDC375　120P 210mm × 148mm
定価はカバーに表示してあります。